ひと目でわかる

お菓子の教科書

きほん編

世界のお菓子

各国の伝統的なお菓子を食べるとその国の土地柄や気候、歴史を垣間見ることができます。

クグロフ

ドイツでも作られ、クーゲル「球体」、ホフ「ビール酵母」の意味。

スフレ

メレンゲとカスタードクリームから作られ、ふわふわの食感。

サントノーレ

パリのサントノーレ通りの人気菓子店で誕生したお菓子。

カスタードプディング

プディング生地をカラメルソースと蒸し焼きして作る。

フランスのお菓子

バターを用いた濃厚な味わいのお菓子が多い。色鮮やかで華やかな見た目も楽しめる。

ダコワーズ

ダックスという町が名前の由来。メレンゲを用いた生地で作る。

カヌレ

「溝のついた」という意味で、古くから修道院で作られていた。

マカロン

アーモンド入りのメレンゲ生地を焼き、クリームをサンド。

ガトー・バスク

バスク地方の伝統菓子。中にカスタードやチェリーを詰める。

モンブラン

アルプス山脈のモンブランが由来の栗を使った山型のお菓子。

シュークリーム

ふくれた生地の見た目から、キャベツを意味する名をもつ。

クレープ・ブルトンヌ

ブルターニュ地方のクレープをデザートにしたもの。

フレジェ

「いちご」という意味。フランスで最もポピュラーなケーキ。

イギリスのお菓子

サクッとした食感のシンプルなお菓子が多く、古くからアフタヌーンティーに楽しまれてきた。

スコーン

スコットランド生まれのお菓子。ジャムなどをつけて食べる。

ショートブレッド

ショートは「もろい」という意味で、サクッとした食感が魅力。

トライフル

スポンジ生地や果物を重ねた「あり合わせ」という意味のお菓子。

ウィークエンド

週末に家族で食べ分ける、レモン風味のバターケーキ。

イタリアのお菓子

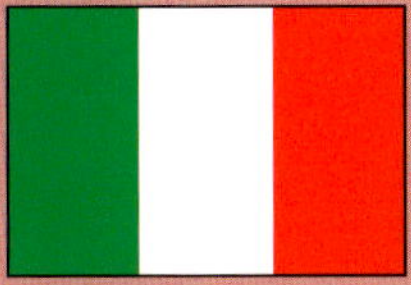

お菓子のことを「ドルチェ」という。もとは神への奉納物だったため、キリスト教にちなんだものが多い。

ティラミス

コーヒーにひたしたビスケットとクリームを層にして作る。

ズコット

聖職者の帽子をイメージして作られたお菓子。

ビスコッティ

二度焼きして水分を飛ばすため、ビス「2回」コッティ「焼く」。

パンナコッタ

パンナ「生クリーム」、コッタ「煮る」の意味。とろりとした食感。

ブッシュ・ド・ノエル

薪の形をしたロールケーキで、クリスマスに欠かせない。

オペラ

パリのオペラ座に来る華やかな人々をイメージしたケーキ。

マドレーヌ

貝型の焼き菓子。芳醇なバターの香りがきいている。

フィナンシェ

「資本家」という意味で、金塊の形をしているのが特徴。

ミルフイユ

重なった姿から、ミルは「千」、フイユは「葉」を意味する。

アメリカのお菓子

ボリュームがあり、見た目や味のインパクトが強い。工程が簡単で手軽に作れるお菓子が多い。

ドーナッツ

古くから親しまれてきた、リング状の生地を揚げたお菓子。

マフィン

果物やナッツ、チョコチップなどが入ったものが多い。

ブラウニー

ナッツを入れた濃厚な味わいのチョコレートケーキ。

アップルパイ

りんごの酸味とサクサクなパイ生地が絶妙な定番お菓子。

オーストリアのお菓子

格調高いお菓子が多い。午後4時にカフェへ行きお菓子とコーヒーを楽しむ「ヤオゼ」という習慣がある。

ザッハトルテ

濃厚な味わいの古典的なチョコレートケーキ。

シュトゥルーデル

「渦」を意味し、詰め物を生地で幾重にも巻いている。

ベルギーのお菓子

見た目や食感にこだわったお菓子が多い。チョコレート菓子が種類豊富なのも有名。

ワッフル

食感の違いからリエージュタイプとブリュッセルタイプがある。

ドイツのお菓子

自然豊かな土地柄なため自然への親しみを象徴したお菓子が多い。口あたりのよい生地を使うのも特徴的。

バウムクーヘン

年輪に似せたお菓子。生地を棒にくり返しぬって作る。

キルシュトルテ

チェリーをふんだんに使った、黒い森をイメージしたお菓子。

スペインのお菓子

卵やクリームを多く使ったお菓子が多い。良質なナッツがとれるため、ヌガーやケーキに入れることも。

チュロス

かためのシュー生地を星型の口金で絞って揚げたお菓子。

日本のお菓子

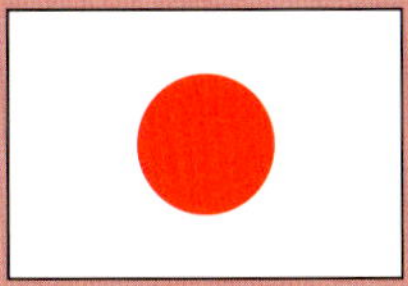

和菓子は茶と一緒に食べる「お茶うけ」の役割がある。あんこを用い、四季の移ろいを演出したものが多い。

まんじゅう

奈良時代に中国から伝わった。栗まんじゅうなど種類豊富。

おはぎ

米ベースの和菓子。春は「ぼた餅」秋は「おはぎ」と呼ぶ。

串だんご

うるち米から作るだんごを串に刺し、あんこなどをまぶす。

カステラ

ポルトガルから伝わり、日本で改良された卵で作るお菓子。

画像協力／ベトナム屋台食堂マイマイ（チェー）

ベトナムのお菓子

果物をふんだんに使った冷菓が多く、暑さをやわらげてくれる。フランスの影響を受けたお菓子も多い。

チェー

果物、豆、タピオカなどが層になったぜんざい風のお菓子。

タイのお菓子

ココナッツを使った甘くまろやかなお菓子が多く、激辛のタイ料理を緩和してくれる役割も。

サンカヤーファクトーン

かぼちゃにココナッツミルクと卵を入れて蒸したプリン。

中国のお菓子

お菓子を「甜点心（ティエンティエンシン）」といい、脂っこい料理の口直しとして食後に食べられる。

ごまだんご

浮き粉と白玉粉の生地にあんこを詰め、ごまをつけて揚げる。

月餅《げっぺい》

贈答品の定番菓子。中国各地で形や模様は異なる。

杏仁豆腐《あんにんどうふ》

あんずの種の中にある「仁」の香りが特徴。なめらかな食感。

東南アジアで親しまれるお菓子

年間平均気温25℃以上の東南アジアではナタデココやタピオカ入りの冷菓をよく食べる。ナタデココはココナッツジュースにナタ菌を入れて発酵させたときに、表面にできる層のこと。タピオカはいもの一種キャッサバからとれるでんぷんのこと。

タピオカはプチッとした食感が魅力。ドリンクに入れても。

Contents

第1章 お菓子作りの基本

お菓子作りの道具

お菓子作りの下準備

第2章 動作の基本

第3章

生地とクリームの基本

第4章

デコレーションとラッピングの基本

第5章

お菓子作りの材料

お菓子作りの副材料

本書の決まり

・材料の表記は、カップ1=200ml、大さじ1=15ml、小さじ1=5mlです。

・オーブンや電子レンジは機種によって性質が異なるので、ようすを見て時間や温度を調節してください。

・保存方法と期間は目安です。季節や温度、環境によってかわるので注意してください。

Staff

写真撮影　大内光弘・糸井康友・永山弘子

デザイン　中村たまを

イラスト　shiori

編集・制作　バブーン株式会社

(古里文香・矢作美和・長縄智恵)

お菓子制作協力　結城寿美江・鳥海璃衣子・猪野敬子・

江川しづく

取材協力　日髙宣博　(パティスリー・ラ・ノブテック)

商品協力／

株式会社　池商

著者をはじめ、全国の料理研究家と選んだキッチン用品3000点が掲載されているキッチン用品通販カタログを無料にてお届けいたします。カタログ請求はこちら

TEL 042-795-4311　9：30～18：00（日曜・祝日休み）

株式会社　クオカプランニング

お菓子作り・パン作りの材料や道具を扱う日本最大級の専門店。自由が丘に本店を置くショップほか、通販も行なっています。http://www.cuoca.com

TEL 0120-863-639　10：00～18：00

はじめに

「おいしいお菓子を作りたいんですけど、どうしたらいいですか？」とよく聞かれますが、まずは、作ってみなくては何もはじまりません。できるだけ詳しい手順の書いてあるレシピにしたがって、作ってみましょう。

でき上がったものと自分の目指す味に違いがあれば、どこが違うか書き出してみてください。「こんなお菓子を作りたい！　おいしいお菓子が食べたい！」というイメージがとても大切なのです。

お菓子作りをするには、ある程度の知識が必要です。本書では「材料を知る」、「必要な道具」、「正確に計量する」、「手順通りに作る」、「食材の扱い方や下準備」、「泡立て方や混ぜ方」、「焼き方」などの基礎知識を詳しく説明します。実際にお菓子作りに入る前に、基本を身につけられるようサポートできればと思います。

プロのパティシエでさえお菓子作りに失敗はつきもの。多くの経験を積み、失敗した原因を考えて、少しずつおいしいお菓子を作れるようになります。

「もう少しコクをだすには？　しっとりとした食感に仕上げるにはどうしたらよいか？」と、試行錯誤する時間もお菓子作りの楽しみです。この感覚が身についたら、あなたも「おいしいお菓子を作れる人」の仲間入りです！

本書はお菓子を作る前の教科書としてご活用いただければと思います。お菓子作りに慣れた人でも、基本を忘れて失敗することもあるので、ふり返りながらご愛用いただければと思います。

川上文代

第1章

お菓子作りの基本

お菓子作りの道具

道具をそろえる

お菓子作りは正確な計量と手早い作業が成功のカギ。同じアイテムでもサイズ違いや複数持ちがおすすめです。

挑戦するお菓子に合わせて徐々にそろえていきます

計量アイテム、ボウル、粉ふるい、泡立て器など、お菓子作りの定番道具は料理にも使うので、たいていのものは家庭にそろっているでしょう。

しかし、お菓子作りでは牛乳や薄力粉など量が多いものをはかったり、材料をそれぞれ分けたりと、料理とは用途が違います。計量カップは大・小を、泡立て器はワイヤーの丈夫なものをなどと、作業効率を考えて選び直す必要があります。

ボウルはサイズ違いで複数あったほうが便利です。ステンレス製なら材料を混ぜるときに使うだけでなく、湯せんをしたり、ゼリーを固めたりなどさまざまな使い道があります。

作るお菓子に合わせて必要なものを少しずつ増やしましょう。

まずそろえるのはこのアイテム！

計量スプーン

大さじ１＝15mℓ、小さじ１＝５mℓを表す。少量の粉類や、リキュールなどの液体をはかるときに使う。

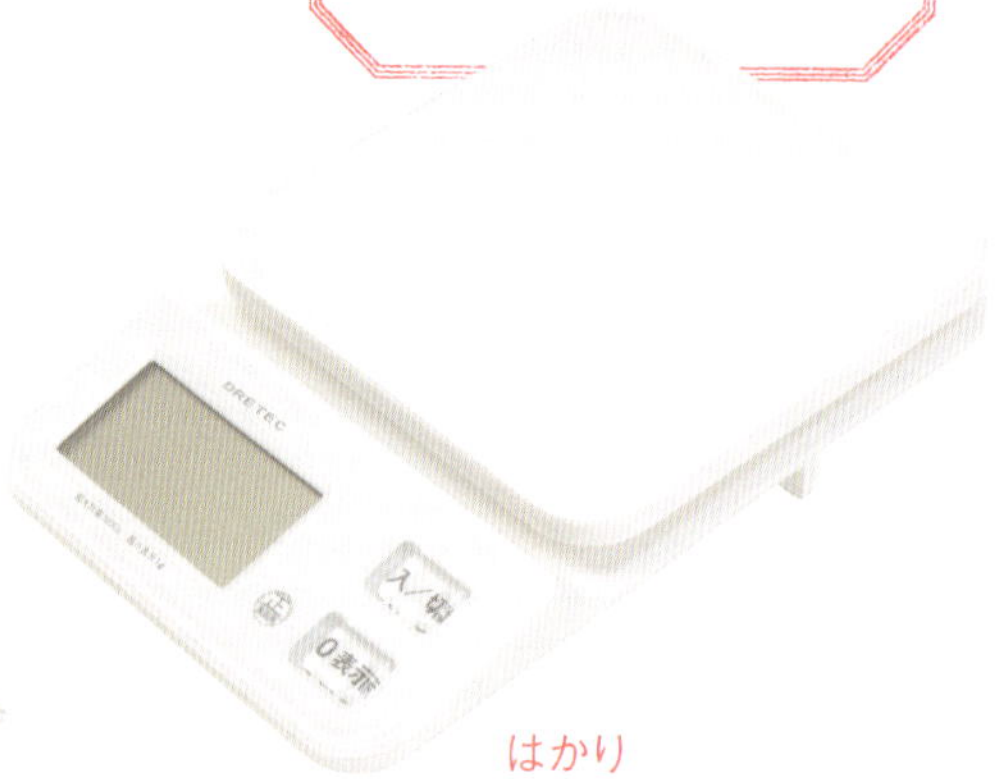

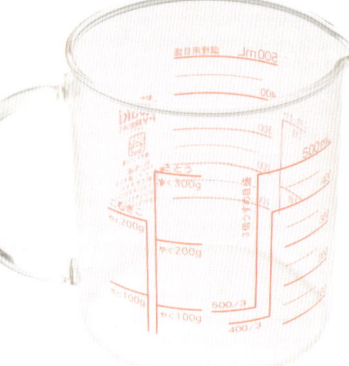

はかり

容器やボウルに入れた材料を正確にはかることができる。ひと目でわかりやすいデジタルのはかりがおすすめ。

計量カップ

牛乳や生クリームなど液体をはかるときに使う。容量が200mℓと500mℓのものをそれぞれ持っていると便利。

ボウル

直径15cm、18cm、24cmとサイズ違いで複数あるとよい。耐熱用はレンジ使用可。ステンレス製は冷却、湯せんにも使える。

お菓子作りに必要な道具はコレ!

基本の10アイテムがあれば、たいていのお菓子に挑戦できます

下準備もおまかせアイテム!

A.片手鍋

牛乳を温める、バターを溶かす、湯せんするときなどに使う。直径16cmと20cmのサイズがあるとよい。

B.粉ふるい

カップの形で、持ち手を握る手動タイプと、電動タイプがある。持ちやすい大きさのものを選ぶとよい。

C.万能こし器

液体をこすときや粉ふるいの代用として使う。フックのついたものは鍋やボウルの縁にかけられて便利。

作業に欠かせないアイテム!

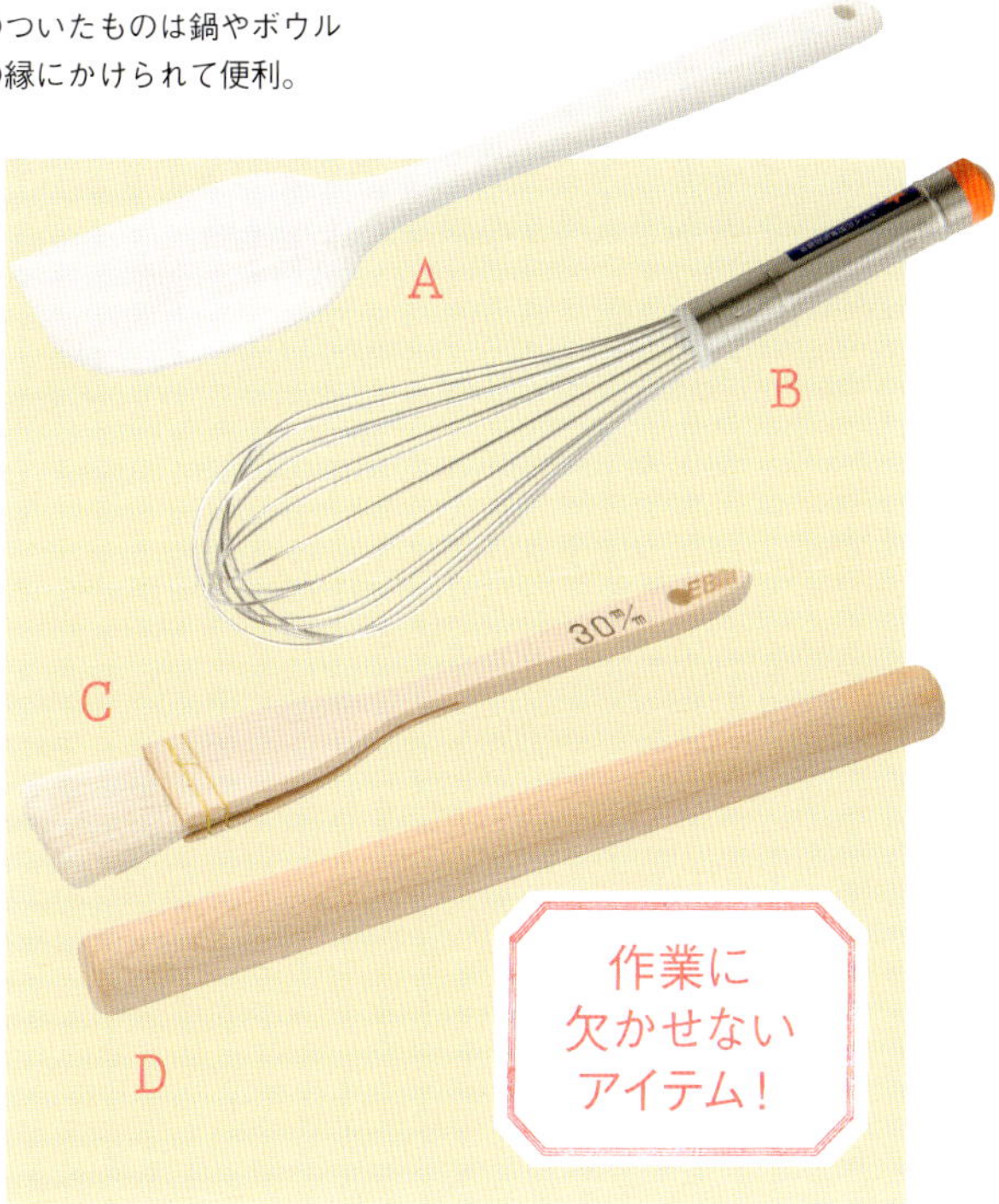

A.ゴムべら

加熱中の鍋の中でも混ぜられるよう耐熱用を選ぶ。長さ24cmと、ミニタイプの長さ16cmがあるとよい。

B.泡立て器

ワイヤーと柄がしっかりとしたものを。混ぜるのによく使うボウルの直径より少し長めのものがよい。

C.はけ

山羊、馬毛、ナイロン製などがあるので好みのやわらかさを選ぶ。毛が抜ける心配のないシリコンタイプも。

D.麺棒

長さ40〜45cmの木製のものが、均一に力をかけられて生地をのばしやすい。使用後は洗わず汚れを落とす。

きれいに仕上げるアイテム!

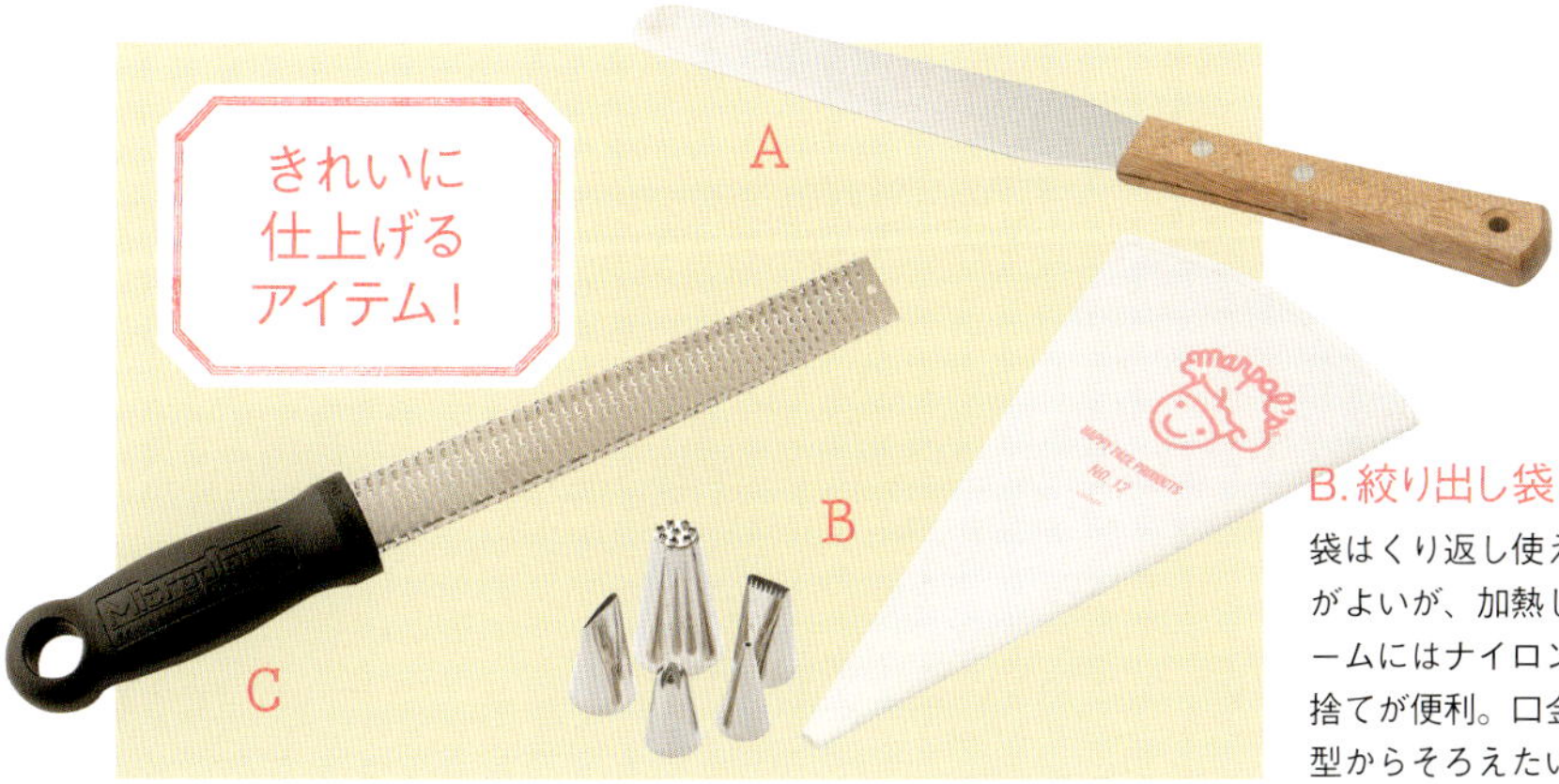

A.パレットナイフ

生地にクリームをぬるのには、刃渡り15〜20cmほどが使いやすい。ケーキを器に移すときなどにも使える。

B.絞り出し袋&口金

袋はくり返し使えるタイプがよいが、加熱しないクリームにはナイロン製の使い捨てが便利。口金は丸と星型からそろえたい。

C.おろし金

柑橘類の皮やハードチーズを生地に入れたり散らしたりするときに使う。突起のしっかりしたものを選ぶとよい。

お菓子作りの道具

あると便利な道具

細かな作業は料理にもよく使う便利アイテムを上手に利用して！

作業効率がアップすれば仕上がりもよりよくなります

作業がもたつくと、バターが溶けたり、メレンゲの泡がしぼんだりと、生地の状態がかわって、味や見た目に影響します。時間のかかるような細かな作業にはそれに合った道具が必要です。

下で紹介する道具以外にも、ナッツをつぶすのにすり鉢＆すりこぎを、卵をほぐすのにフォークを使ったりしてみると作業がスムーズです。

作業別！役立ちアイテム

作業1 固めたり冷やしたりにバットを

ゼリーや寒天を冷やし固めるときにはステンレス製のバットに広げて冷ますと早く固まる。

寒天には深さのあるバットや密閉容器がおすすめ。

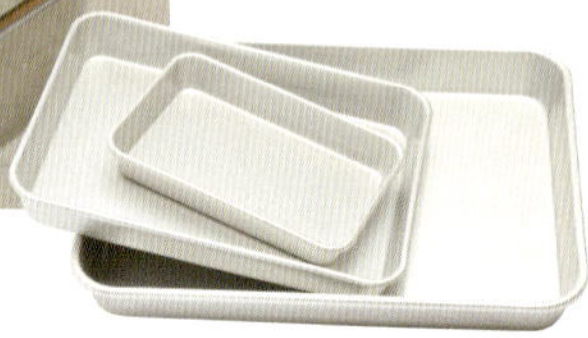

作業2 生地をまとめるときはスケッパーを

タルト生地を切り混ぜる、ボウルについた材料を残らず取るなどの作業がスムーズ。

タルト生地はスケッパーを2枚使ってバターを切り混ぜる。

作業3 少量ふるうのに茶こしを

仕上げに粉砂糖をふりかけるときには、茶こしを使うと狭い範囲に上手にかけられる。

茶こしの縁を手のひらにトントンとあててふるう。

作業4 さっと切るならキッチンばさみを

バニラのさやを開く、絞り出し袋の先端を切る、オーブンシートのカットなどに。

細いバニラのさやを切り開いて、種をこそげやすくする。

作業5 正確さを求めるため温度計を

湯せんやチョコレートのテンパリングなどの作業は、温度計を使って正確な温度調節を。

温度変化がすぐにわかるデジタルタイプがおすすめ。

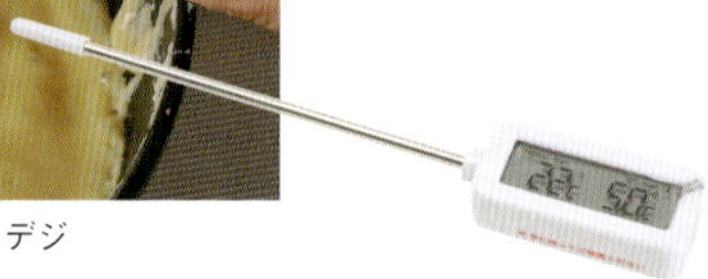

お菓子作りの道具

厳選したい道具

よく使うマストアイテムは自分に合ったものを慎重に選びましょう。

どんなによい道具でも自分に合わなければ力半減

とくによく使う道具は安物をそろえるより、質のよいものを選ぶことをおすすめします。たとえば、値段の安い泡立て器はワイヤーが弱く、バターと砂糖をすり混ぜたりする際に曲って混ざりにくいことがあります。また、手に力が入ってすぐに疲れます。多少高くても自分の手の大きさ、すでに持っている道具に合ったものを選ぶのがポイントです。

泡立て器は大きさ違いであると便利!

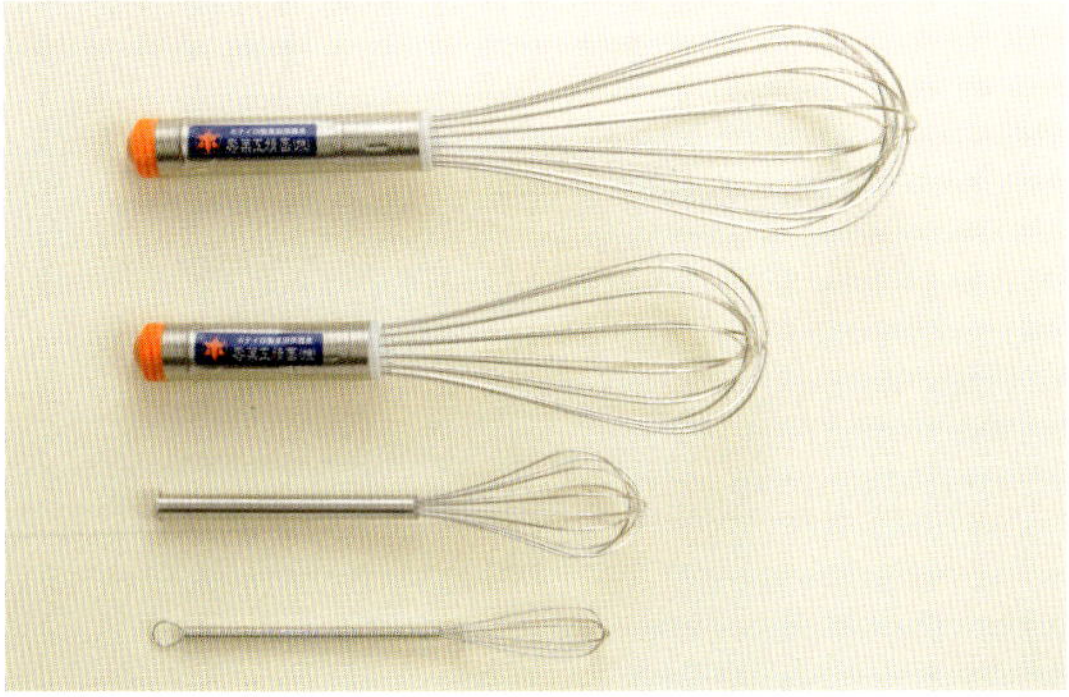

量の多い生地を混ぜるのには大きいサイズ、生クリームなどのホイップには中サイズ、ソース作りには小サイズを。

泡立て器

favorite アイテム1

ワイヤーのかたさをCheck!

ある程度かたさのある生地やクリームを攪拌することもあるので、ワイヤーはかためのものを。すぐ曲がるようなものは避ける。

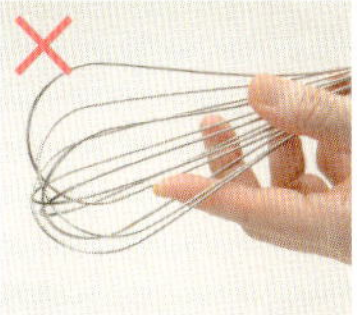

ワイヤーを軽く握ったときに、重なりがすぐずれるような弱いものはダメ。

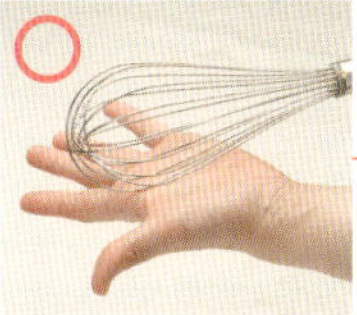

手のひらに軽く落としたときにはね返りが少ないものがよい。

柄の長さをCheck!

柄の部分が自分の手にしっくりくるものでないと、手が疲れる原因になる。購入する前には必ず実際に握ってみて確認すること。

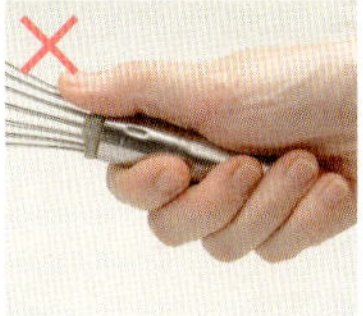

握ったときに柄が手の中に隠れると、泡立てるときに動かしづらい。

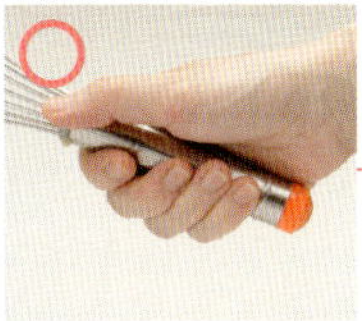

柄の長さが手のひらより少し長めで、握りやすい太さを選ぶ。

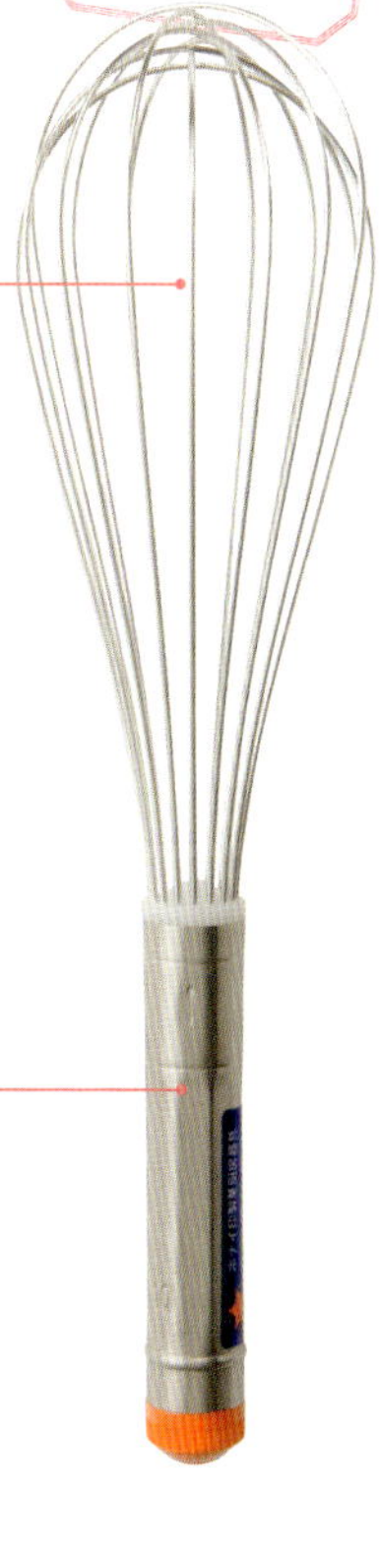

スケッパー

favorite アイテム2

しなり具合を確かめる

ボウルの底に実際にあてて、ゴムの曲がりをみる。カーブ面にフィットするものを。

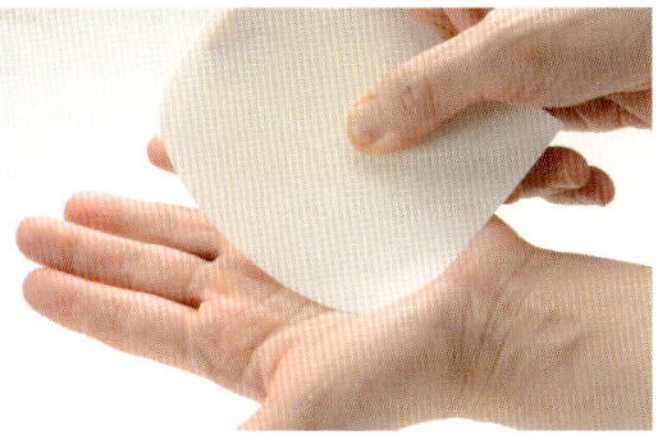

手のひらの上で、スケッパーを少し反らしてみる。やわらかすぎず、丈夫なものを。

オーブンシート

favorite アイテム3

くり返し使えるタイプを

天板と同じ大きさで、洗って何度も使用できるシートがおすすめ。

使用後は水洗いし、しっかりと乾かす。天板の枚数に合わせて買いそろえるとよい。

お菓子作りの道具

役立つ家電

家電を上手に利用すると、時短、疲れの軽減、仕上がりの向上とさまざまな利点があります。

本格派にはたまらないアイテム

材料を入れるだけで混ぜる、泡立てるは完了!

攪拌作業を低速から高速まで6段階にスピードをかえてできる。また、メレンゲやクリームのほか、スポンジ生地やタルト生地など粘度のある生地も作れる。

キッチンエイドミキサー

定番家電も使い方次第でお菓子作りの強い味方に

手作業では重労働な泡立ては、ハンドミキサーの力を利用することをおすすめします。疲れが軽減できるだけでなく、手早くきれいな仕上がりになります。

また、お菓子作りに意外と使えるのが電子レンジ。「バターを室温にもどす」ときの下準備は、約5秒の加熱で適度なかたさになり、やわらかくなるのを待たずにお菓子作りをはじめられます。

泡立てに欠かせないハンドミキサーを知る

持ち方や速度の切りかえについて正しい扱い方を覚えましょう

速度による使い分け

低速

泡立てはじめに材料をほぐす、または泡立ての最後にキメを整えるのに適した速度。

中速

低速→高速で一気に攪拌したあと、中速に切りかえて泡立ち加減を調節。仕上げに使う速度。

高速

低速でほぐした材料を、強い力で一気に攪拌し、空気を含ませるために使う速度。

ハンドミキサー

メレンゲやホイップクリームなどの泡立てに使う。スピーディーに攪拌できるので、キメ細かな泡に仕上がる。

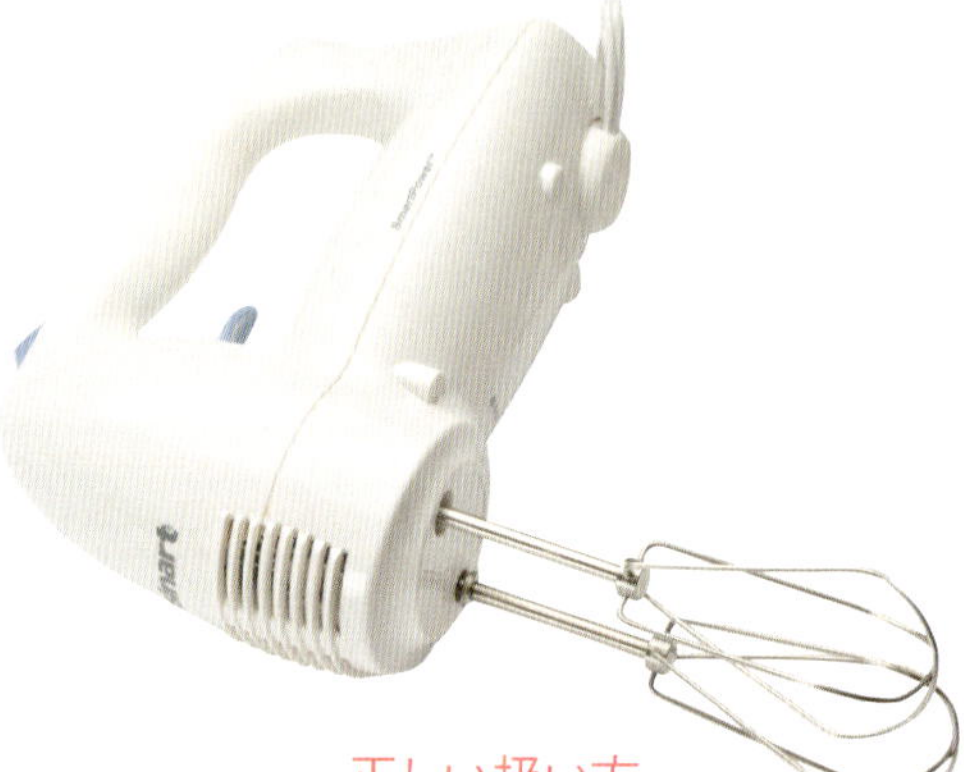

正しい扱い方

ボウルを傾け、先端をあてる

ボウルの中央にワイヤーが垂直にあたるように持つ。量がすくない場合はボウルをななめに傾け、材料にあてる。

お菓子作りが楽しくなる役立ち家電

下準備に使えるミキサー、手軽なワッフルメーカーなど、1台で何通りもの使い方ができます！

ワッフルメーカー

型に生地を流して焼くだけでワッフルが簡単に。型をかえて、たい焼きやホットサンドを作れるタイプもある。

フードプロセッサー

スピーディーに切り混ぜられるので、ナッツなどの材料を砕く、タルトやクッキーの生地を作る際に使える。

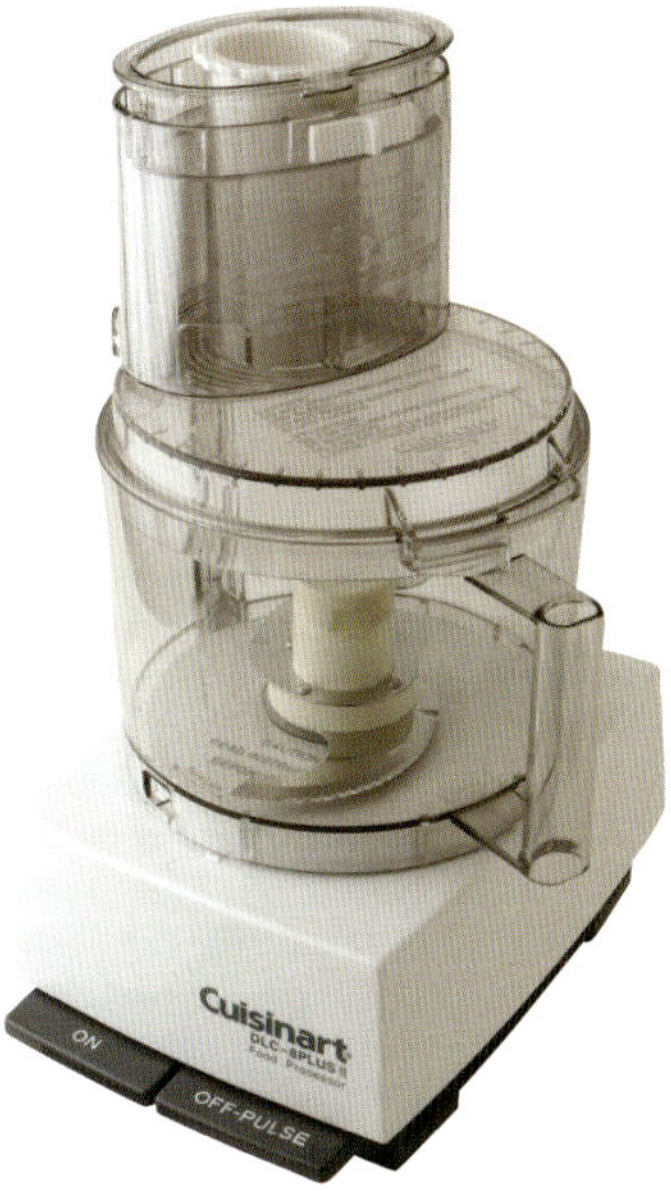

ミキサー

固体と液体をなめらかな状態になるまで撹拌するのに使う。ペーストやソースを作るのに便利。

おなじみ家電も お菓子作りに大活躍！

オーブントースター

ナッツなど材料のローストのほか、クッキーやスイートポテトなど小さめのお菓子を焼くときに。オーブンの簡易版と考えて。

電気ポット

チョコレートやバターの入ったボウルの底を温めたいときや、オーブンで湯せん焼きをするときの湯をすぐに用意できる。

電子レンジ

バターやクリームチーズをやわらかくする、ゼラチンやチョコレートを溶かすなどに使える。かたいレーズンをやわらかくするときにも。

電子レンジで小さめのスポンジ生地を焼くこともできる。

アイスクリームメーカー

材料を－18℃以下に冷却しながら撹拌し、冷やし固める。なめらかなアイスクリームやシャーベットが手軽に。

お菓子作りの道具

このお菓子にはこの道具

基本の道具がそろったら、次に買い足したい道具を紹介します。

専用の道具をそろえるのもお菓子作りの楽しみ

家庭でのお菓子作りには、パティシエが使うような本格的な道具は基本的に必要ありません。

ただ、少し上達してきたらデコレーションをきれいに仕上げるケーキの回転台や、パイ生地作りの道具などをそろえるとよいでしょう。パイ重し、パイカッター、ペストリーボードはパイだけでなく、タルト作りにも使えて便利です。

ケーキアイテム

カットやデコレーションの作業をアシストします。よく使う型のサイズに合わせて選びましょう

回転台

ケーキの生地をのせて、生地自体を回しながらクリームをぬってデコレーションができる。

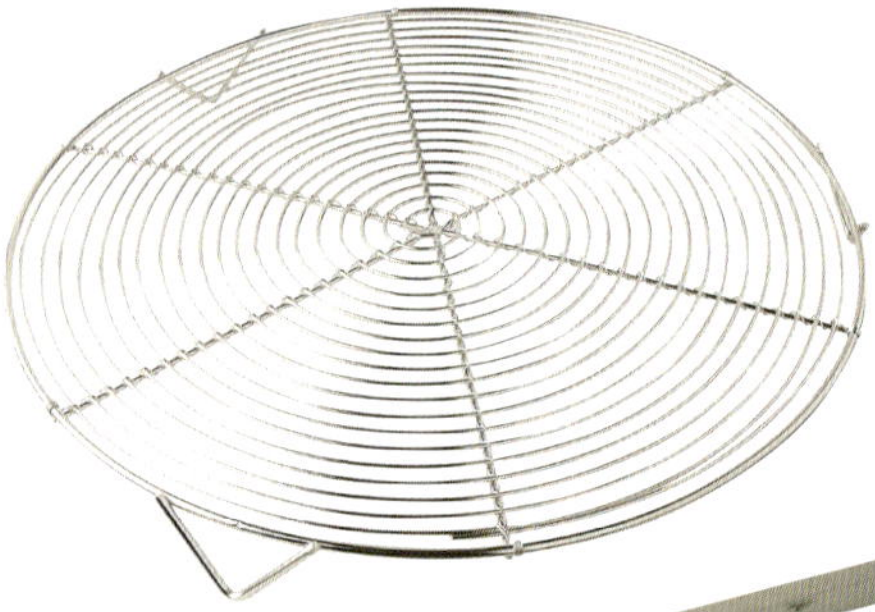

ケーキクーラー

焼き上がった生地をのせて冷ます。網状で足がついているので、生地の底が蒸れず早く冷める。

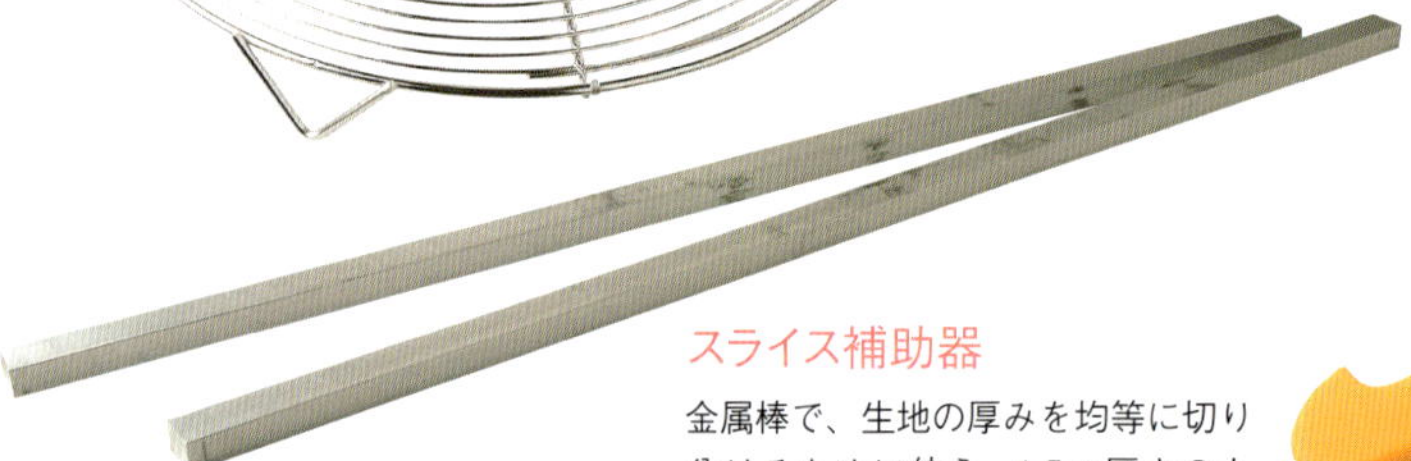

スライス補助器

金属棒で、生地の厚みを均等に切り分けるために使う。1.5cm厚さのものが使いやすい。

こうして使う!

金属棒２本で生地をはさんで置き、金属棒に沿ってケーキナイフを寝かせながら生地にあてて切る。

ナイフにつけるタイプも!

カットしたい生地の厚みに合わせてナイフに補助具を取りつける。高さがかえられて便利。

お菓子作りに使うナイフ

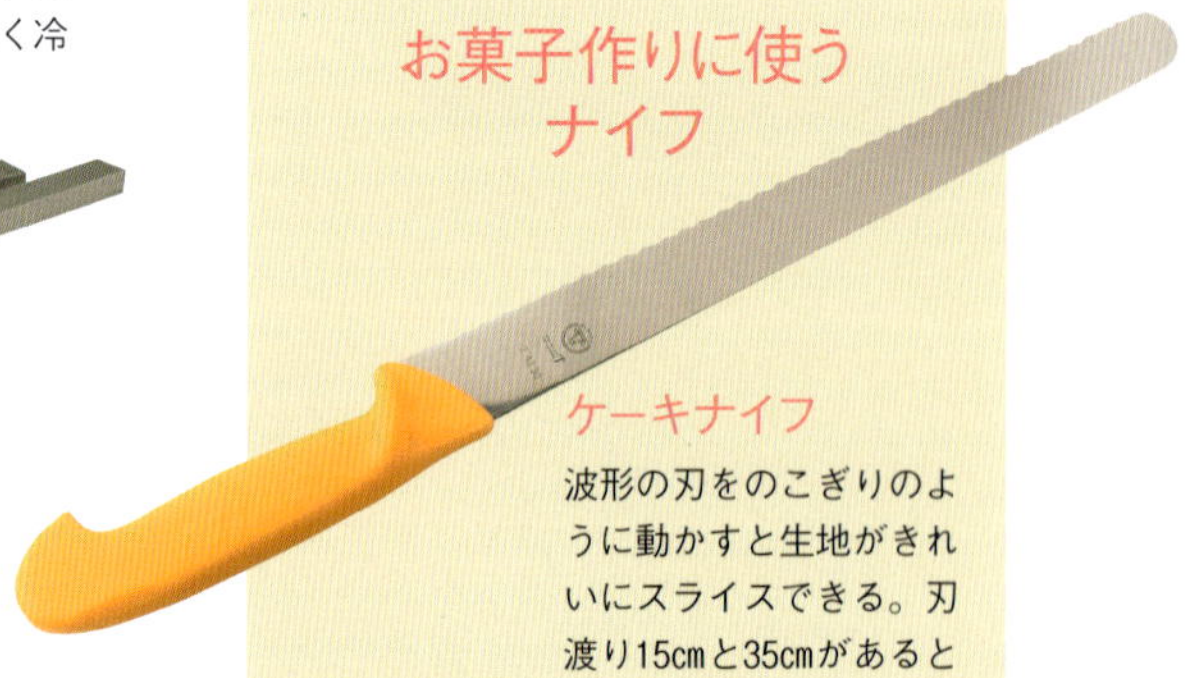

ケーキナイフ

波形の刃をのこぎりのようにに動かすと生地がきれいにスライスできる。刃渡り15cmと35cmがあるとよい。

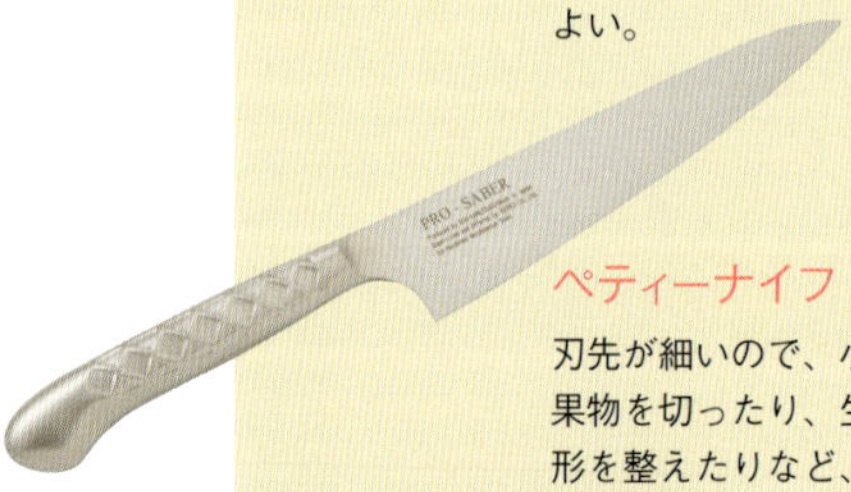

ペティーナイフ

刃先が細いので、小さな果物を切ったり、生地の形を整えたりなど、仕上げ作業に向く。

果物の飾り切り、切り込みを入れるときなど。

パイ・タルトアイテム

切り混ぜ、成形、ピケなど
難しい作業は専門の道具を
上手に使いこなしましょう

メッシュローラー

パイ生地に転がして切れ目を入れる。軽く広げるとメッシュ状になり、きれいな網目ができる。

パイカッター

パイ生地の層をくずさないように切ることができる。波模様をつけるパイばさみつきのタイプも。

パイローラー

焼く前の生地に転がして穴をあける「ピケ」の作業に使う。穴をあけると蒸気が逃げ、生地が浮き上がらない。

パイブレンダー

バターやクッキー生地などをそぼろ状に切り混ぜるのに使う。手をふれないので生地がだれにくい。

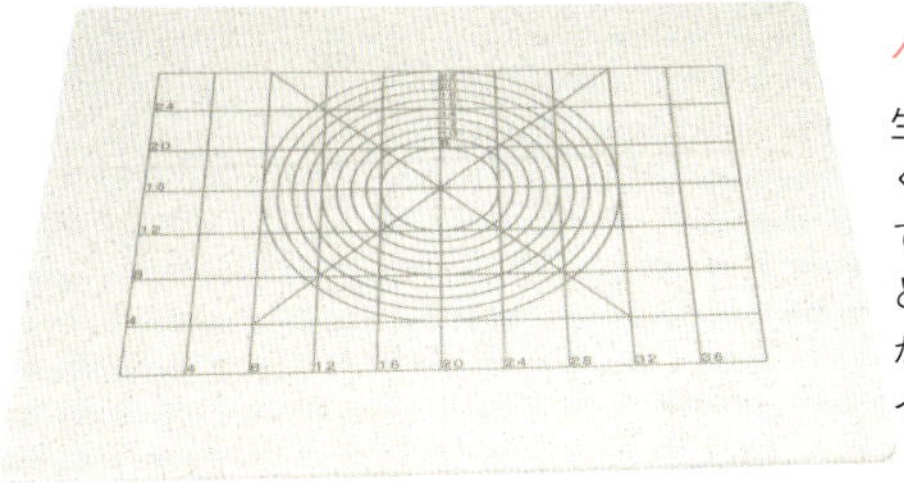

ペストリーボード

生地をのばすときに敷く台。低温を保てるので生地をのばしやすい。どれくらいまでのばすか目安の表示があるタイプも。

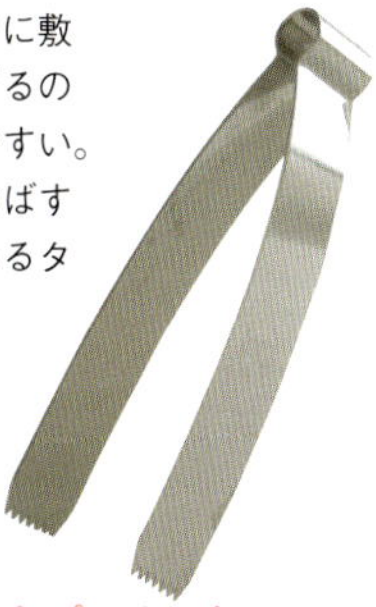

タルトピンセット

型に敷き詰めたタルト生地の縁を一周つまんでいくと、きれいな飾り縁ができる。

パイ重し

アルミ製の小粒の重し。タルトやパイ生地を焼くときにのせると、底のふくらみを抑えられる。

パイ・タルトアイテムは代用品でもOK

パイローラーのかわりにフォークで穴をあける、パイブレンダーのかわりにスケッパー２枚で切り混ぜる、パイ重しは米や小豆を使うなど代用ができる。

そのほかのアイテム

あのお菓子のためだけに！
お店で使うような憧れのアイテムに
チャレンジしてみましょう

クレープパン

クレープの生地を薄く広げるための専用フライパン。直径20～24cmのものがよい。

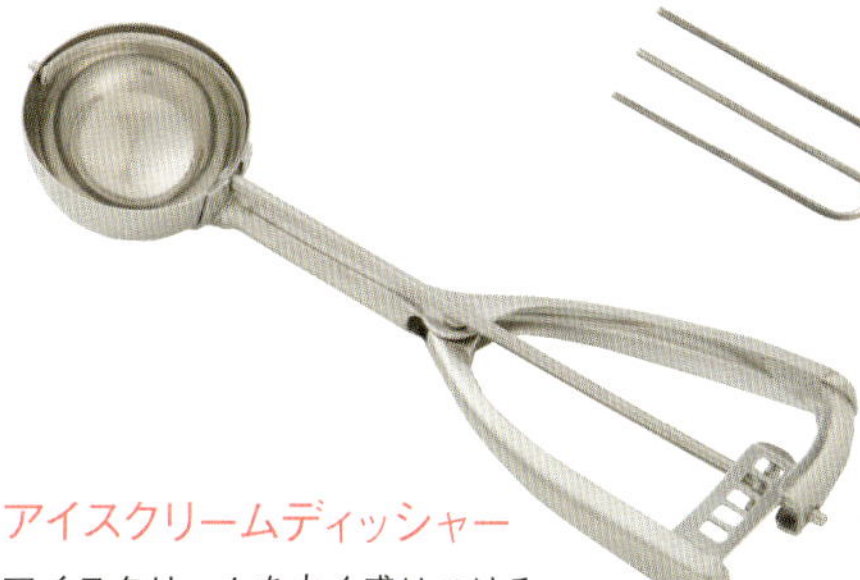

アイスクリームディッシャー

アイスクリームを丸く盛りつけるためにすくう道具。温めた大きめのスプーンを代用してもよい。

チョコレートフォーク

丸めたガナッシュをのせて、まわりにチョコレートをコーティングするときに使う。

モンブラン用口金

小さな穴が８個ほどあいているモンブランのクリームを絞るための口金。線状のクリームが出る。

商品協力／おいしい生活（ペストリーボード・パイカッター）

作る前に準備すること

バターを室温にもどす、粉をふるうなど……。作業を中断しないために、まずは下準備が必要です。

手順よく進めるために準備段階は大切です

湯せんをするのに湯が沸いていない、バターを使うのに室温にもどすのを忘れていた……など、作業がストップすると生地やクリームの状態がかわって、失敗の原因になりかねません。

作業をスタートする前には、必ずレシピの流れを把握し、どのタイミングで何をするのかということを理解しましょう。たとえば、材料の計量やオーブンの予熱、型の準備など、事前にしておかなければならないことは意外とあります。

材料や生地を冷やす作業があるなら、冷蔵庫のスペースを十分にあけておく、使う道具類はぬれたり汚れたりしていないかの確認も必要です。

お菓子作りの前の下準備

基本的な5つの下準備は必ず行いましょう

下準備 1 レシピを熟読する

作業全体の流れをつかんでおく

まずはレシピを最初から最後まで読みます。全体の流れがわかったら、必要な材料や道具、準備することを書き出しましょう。さらに、その準備に優先順位をつけておくと手際よく進められます。

レシピを見てcheckすること

- 材料はもどす時間が必要か？
- 生地を休ませる時間は？
- オーブンの予熱温度は？
- 湯せんのための湯を沸かすべきか？
- バターや卵の適温は？
- 型は何をいくつ使う？

下準備 2 道具をそろえる

よく使う道具は余分に用意すると作業しやすい

12〜19ページを参考に作業に必要な基本の道具を用意します。また、計量した材料を入れる小さめの容器や、材料を移しかえるためのボウル、スプーンなどは多めに用意しておきましょう。

作業の邪魔にならないように、なるべくまとめて用意する。

汚れや水滴がないかを確認！

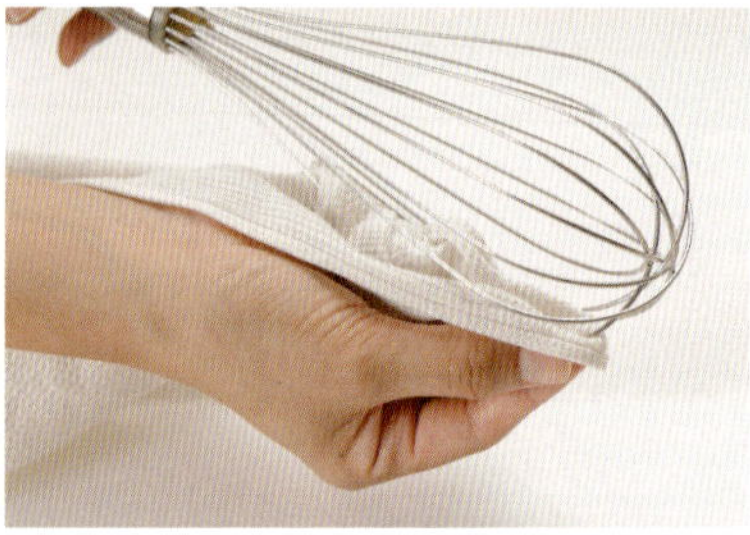

泡立て器のワイヤー、ボウルの底などはしっかりとふいてから使う。

キッチンは作業しやすく整理しておくのも大切

家庭のキッチンは作業スペースが限られている。散らかっていると手際よく作業が行えないので、きれいに片づけて。また、お菓子作りに適した室温は約20℃。夏や冬はエアコンをかけ、最適な環境を整えてから作りはじめよう。

作業台は消毒して清潔に

アルコール消毒し、清潔な布巾でふいて材料がぬれないようにする。

コンロの近くに材料を置かない

熱している鍋やオーブンの近くに材料を置くと温まり、劣化する。とくにクリームはNG。

下準備 3 材料をはかる

使用する材料はまとめてはかるのが鉄則！

レシピ通りに材料を計量します。はかりながら作るとその間にクリームがだれたり、ほかの材料が劣化したりするのでやめましょう。また、目分量ではかるのは厳禁です。

材料は目的ごとに分ける

バターや砂糖など生地にもクリームにもよく使う材料は、計量後どちらに使うものなのか間違えないよう注意を。

下準備 4 材料と部屋の温度を適温に

ゼラチンをもどす、バターをやわらかくするなどを行う

計量後は材料を最適な状態にします。たとえば、タルトやパイ生地作りではバターが溶けないよう、使う材料や道具はすべて冷蔵庫で冷やします。部屋や作業台も冷やしましょう。

とくに注意する材料

冷蔵庫から出したばかりの冷たい卵は、バターと混ぜると分離する。急いでいるときはぬるま湯にひたすとよい。

「室温にもどしたバター」はクリームのようなかたさ。薄く切って室温におくか、電子レンジで約 5 秒加熱する。

下準備 5 型の準備とオーブンの予熱

生地ができたら、すぐ焼けるように準備を

型に生地を流したらすぐに焼くのが基本です。型にバターをぬる、オーブンシートを型に合わせて切るなどは事前にしておき、焼く時間を逆算してオーブンの予熱をはじめます。

型にバターをぬる

室温にもどしたやわらかいバターを型の内側にはけでぬる。

天板にオーブンシートを敷く

生地を絞り出す場合はシートが動かないようバターでのりづけする。

粉類をふるっておく

小麦粉やベーキングパウダーはダマができないようにふるう。

お菓子作りの下準備

計量の仕方

「正確にはかる」ことはお菓子作り成功のための第一条件です。

はかりに紙をのせて
はかっていませんか？

少量の粉類だからと、器ではなく紙を敷いた上に材料を置くと、こぼれる危険がある。

計量スプーンを雑に
すりきっていませんか？

器の縁や指でこすってすりきると、表面が平らにならず、正確にはかることができない。

お菓子作りでは目分量は通用しません

砂糖には「泡立てを助ける」、小麦粉には「ふくらませる」などの作用があります。お菓子はその絶妙なバランスから成り立っています。

たとえば計量ミスをして、生地に入れる砂糖が多いと焦げたり、卵が足りないとふくらまなかったりということが起こります。計量アイテムを正しく使い、正確にはかるクセをつけましょう。

定番材料の重量早見表

液体や固体の重量はそれぞれ異なるので、計量時は気をつけましょう

卵の重量

サイズが大きくなるほど卵白の重量が多くなる。そのため、卵黄の比率が高いのはSSサイズ。

SSサイズ

Sサイズ

MSサイズ

Mサイズ

Lサイズ

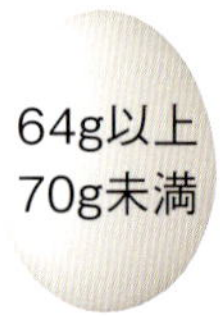

LLサイズ

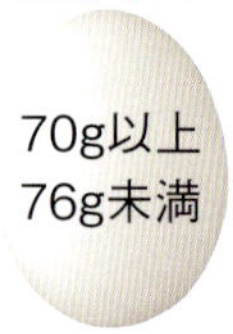

※卵の重量は殻（8～11%）を含む。

食品	小さじ1	大さじ1	1カップ
強力粉	3g	9g	110g
薄力粉	3g	9g	110g
上白糖	3g	9g	130g
グラニュー糖	4g	12g	180g
水	5mℓ	15mℓ	200mℓ
生クリーム・牛乳	5mℓ	15mℓ	200mℓ
サラダ油	4g	12g	180g
バター	4g	12g	180g
ベーキングパウダー	4g	12g	160g
塩	6g	18g	240g
水あめ	7g	22g	290g
ココアパウダー	2g	6g	80g

※小さじ1＝5mℓ、大さじ1＝15mℓ、1カップ＝200mℓの場合

道具別 計量の仕方

単純に目盛りに合わせるだけでは、正確といえません

粉類はすりきりを使ってはかる

山盛りいっぱいにすくい、表面の粉を落とす。すりきりはスプーンの柄やスケッパーでも代用可能。

計量スプーンではかる

少量の液体や粉類をはかるときに

小さじ１＝5mℓ、大さじ１＝15mℓを表す。深いタイプと浅いタイプがあり、浅いタイプは少し盛り上がるようにはかる。

粉類をはかる

きれいなスプーンでふんわりとすくい、すりきります。すりきりで押さえつけないようにしましょう。

粉を多めにすくい取り、すりきりで表面をすりきり、余分な粉を落とす。

１の量をはかってから、半量になるようにすじを入れて、半量を落とす。

½をはかったあと、さらに半量になるようにすじを入れ、粉を落とす。

液体をはかる

液体特有の表面張力（液体の表面面積を小さくしようとする力）を考慮してはかります。

底が深いタイプはぎりぎりまで。浅いタイプは表面張力で少し盛り上がる量まで。

底が深いタイプは６分目くらい、浅いタイプは７分目くらいまで入れる。

底が深いタイプは３分目くらい、浅いタイプは４分目くらいまで入れる。

はかりではかる

表示は必ずゼロにもどしてから使いはじめる。

２～３kgまではかれるタイプを

まず容器を置き、はかりの目盛りをゼロ表示にする。そのあと、容器に材料を少しずつ入れて分量をはかる。

計量カップではかる

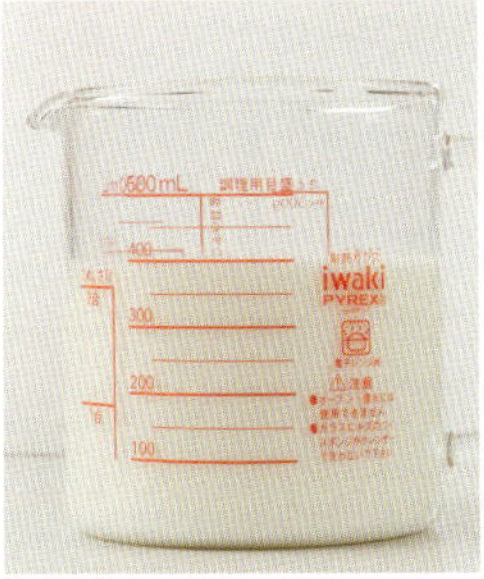

液体をはかるときは、ゆれが落ち着いてから目盛りを見ること。

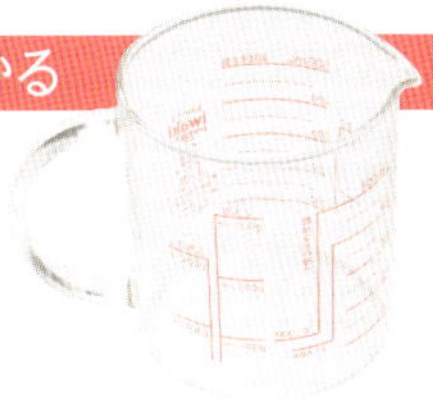

目盛りは真横から見るのが基本

水平な台に置き、目盛りを真横から見る。液体は真上から見ると表面張力の影響で１～２㎜盛り上がるように見えるため。

大雑把な作業だと分量が狂う！

いきおいよく混ぜてボウルから材料が出たり、こねた生地が手についたりすると、材料は微妙に減っていく。細かな作業こそ丁寧に行うこと。

移しかえるとき

もとの容器に材料を残さないように、指やスケッパーですべての材料を移す。

混ぜたあと

泡立て器のワイヤーやゴムべらについた材料は落とし、使った器具に残さない。

お菓子作りの下準備

オーブンの扱い方

基本的な使い方と機能の利用法を確認しましょう。

理想のオーブンは

①操作ボタンがわかりやすい
②庫内の高さが17cm以上ある
③四角い天板で、2段焼き可能

大型画面で操作や設定がラクラク。100〜300℃の温度調節が可能。／「3つ星　ビストロ」パナソニック

うまく焼き上がらないのは　オーブンの使い方が問題かも

性能のよいオーブンを持っていても正しく使わないと宝の持ち腐れです。

焼く前には庫内を温めておく「予熱」をします。予熱が不十分だと熱がこもらずきれいな焼き色がでません。また原則として、焼いている間は途中で扉をあけてはいけません。焼き具合を確かめたいなら、窓からのぞきましょう。どうしてもあける場合は手早く開閉し、温度が下がらないようにします。

オーブンの種類と性質

長く使うものだからこそ、購入するときには慎重に選びましょう

種類	性質	メリット・デメリット
ガスオーブン	ガスを利用して熱風を出し、火力で一気に加熱することができる。外側をこんがり、カリッと焼き上げるのに効果的。	温度が上がるのが早いので予熱が短時間。火力が強く焼き上がりも早い。ただし、設置するのにとりつけが必要なので、場所をとる。
電気オーブン	ヒーターによって熱風を起こすタイプ。しっとりと焼き上げることができるので、やわらかい生地などに向く。	ガスにくらべて火力がやや弱いので、早めに予熱したり、少し高めに温度設定したりするとよい。卓上のタイプが多く設置しやすい。
コンベクションオーブン	庫内に電動のファンがついており、熱を対流させて熱で包み込むように焼く。電気、またはガスオーブンに併用されている。	熱風が庫内全体に回るので、2段でも焼きムラができにくい。ファンの風が強いと生地が流れたりたおれたりすることもある。

ファンとは

庫内に風を送り、熱風を循環させるはたらきをもつ。静音のものを選ぶとよい。

機能いろいろ

スチーム
高温の水蒸気を発生させながら焼く。通常は加熱すると水分が飛ぶが、水分を保てるので生地がふっくら焼ける。

レンジ
内側から加熱するいわゆる電子レンジの機能。バターやチョコレートをすぐに溶かしたいときなどに使える。

グリル
上火で焼く機能で、焼き色をつけたり香ばしくさせるときに。シブーストやクレームブリュレ作りに向く。

発酵
生地を発酵させるときに、発酵を促す温度に設定できる。パン作りが好きな人にも重宝する機能。

画像協力／パナソニック

オーブンに入れる前に気をつけること

お菓子を焼く前に次の3つのことを守りましょう

Check 1 予熱をする

焼く前にオーブンの庫内を温めておく

お菓子の生地ができたらすぐに一定の温度で焼かなければなりません。あらかじめオーブンの庫内を適温に温めておく必要があります。

レシピに予熱の指示がない場合でも、実際の焼く温度に合わせて予熱をしておくこと。

Check 2 間隔をあけて並べる

焼き上がりを想定して並べ焼きムラやふくらみ不足を防ぐ

焼いたときに生地のふくらみや広がりを考えましょう。また、詰まっていて空気の流れ道がないと均一に焼けず、焼きムラができます。

クッキーのようにたくさん並べて焼く場合は、指1～2本分ほどのスペースをあけ、熱が均一に通るようにする。

Check 3 容器の素材を確認

オーブンに入れると傷む器がある

プディングやスフレなどは金属や陶器の器などで焼きます。その場合は、耐熱製または熱に強い素材を使ってください。

OK

- ガラスの容器（耐熱性）
- 陶器・磁器（耐熱性）
- アルミ・金属製
- シリコン容器（耐熱性）

NG

- 耐熱でないガラス容器
- 陶器や磁器（色絵つき）
- 漆器
- プラスチック容器

オーブンのクセを知りましょう

スポンジ生地の焼き上がりを見ると、そのオーブンのクセがわかってきます

クセ 1 上が焦げやすい

上火が強いので弱めてあげる

中に火が完全に通っていないのに、焼き色がつきすぎている状態。上面に熱があたりすぎないように工夫をしましょう。

解決！ アルミホイルをかぶせる

生地の上にアルミホイルをかぶせると熱が直接あたらず、焼き色がつきすぎるのを弱められる。

クセ 2 下が焦げやすい

下火が強いので熱をやわらげる

天板から伝わる熱が強すぎると生地の底が焦げます。表面のこんがりした焼き色よりも底面の色が強いなら対策が必要になります。

解決！ 天板を重ねる

上段だけを使って焼く、または生地をのせた天板の下に天板を敷き、2枚重ねて熱がほどよく伝わるようにする。

クセ 3 焼きムラができる

熱が伝わらない部分や焼けすぎる部分がある

表面の焼き色のつき方にばらつきがあり、生地の一部だけ火が通りづらい状態です。全体が均一に焼けるように調節しましょう。

解決！ 途中でずらす

焼きはじめて$\frac{2}{3}$以上が経過した時点で、場所を入れかえるとよい。2段の場合は上下を入れかえる。

お菓子作りの
下準備

型の準備

オーソドックスな型から集め、必要に応じて買い足していきましょう。

まずそろえたいのは3つの型

長さ18cmのパウンド型

バターケーキのほか、ウィークエンド、ケークサレといった長方形のお菓子を作るときに使う定番の型。

直径15cmのセルクル

抜き型として、またオーブンシートや紙で底を作ると、ケーキの型にも使える。サイズ違いであると役立つ。

底に紙を巻いて使います

オーブンシートを型の直径よりひと回り大きい正方形に切る。セルクルの底にあて、周囲に折り込む。

直径 7cmの金属カップ

アルミ、ブリキ、ステンレスなど金属製のカップ。プリン、ババロア、ゼリーなどに使える。同じものをいくつかそろえるとよい。

号数	直径	人数
4号	12cm	2~3人用
5号	15cm	5~6人用
6号	18cm	8~10人用
7号	21cm	10~12人用

型の号数とは？

セルクルやジェノワーズ缶など、丸い型のサイズは号で表記されることもある。1号は直径3cm。

使いやすい機能や大きさが型選びのポイント

縁つきのタルトやシフォンケーキは、焼き上がりに、簡単にかつきれいに型を外すことができる、底が抜けるタイプが最近の主流です。

セルクルは型として使うほか、抜き型にもなるので、大きさ違いでそろえると重宝します。マドレーヌやフィナンシェ型は素材選びを。ブリキは香ばしく焼け、フッ素樹脂加工は外しやすいのが特徴です。

型によって下準備が違います

型にバターをぬる

焼き上がった生地が型にはりつかないように、クリーム状にやわらかくしたバターを型の内側にはけでぬり広げる。

型にバターと粉をつけて冷やす

凹凸《おうとつ》のある型の場合は、型にバターをぬって冷蔵庫で冷やし、さらに薄力粉をふるいかけて再度冷やしておく。

型を水でぬらしておく

寒天などを冷やし固める場合は、でき上がりに型を外しやすいよう、事前に型を水でぬらしてから液体を注ぐ。

お菓子作りに使う型

マドレーヌ型などは、複数個つながったタイプのほか、個々でも購入が可能です

タルトレット型

ひと口サイズ用の小さなタルト型。船型、ハート型などさまざまな形がある。

クグロフ型

ななめにうねる蛇の目型で、フランスアルザス地方のお菓子、クグロフを作る型。美しい模様の陶器タイプも。

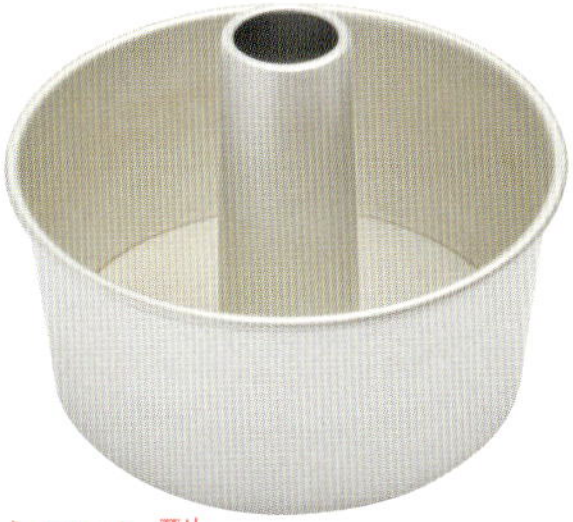

シフォン型

生地の重みで形がつぶれないよう、焼き上がりに逆さにできるように円筒形の穴がついているのが特徴。

タルト型

側面が波形になっているタルトの生地を焼くための型。底の抜けるタイプだと焼き上がりに外しやすい。

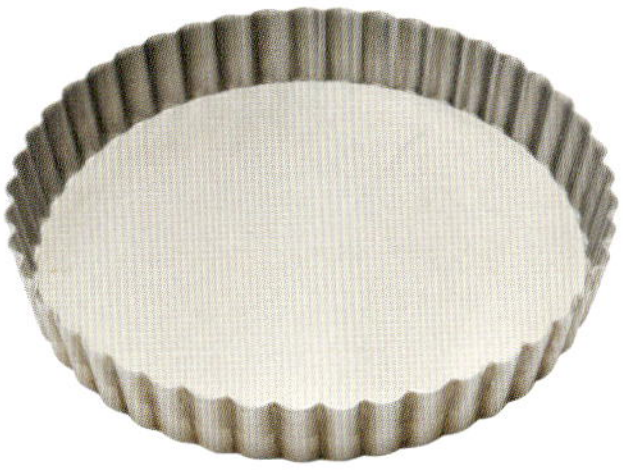

ババロア型

花のような形のババロアを作るときの型。バターケーキなど焼き菓子の型として使うこともできる。

マドレーヌ型

貝殻の形をした型。形は縦長と横長のものがあるので好みのタイプを。材質は金属製、シリコン製など。

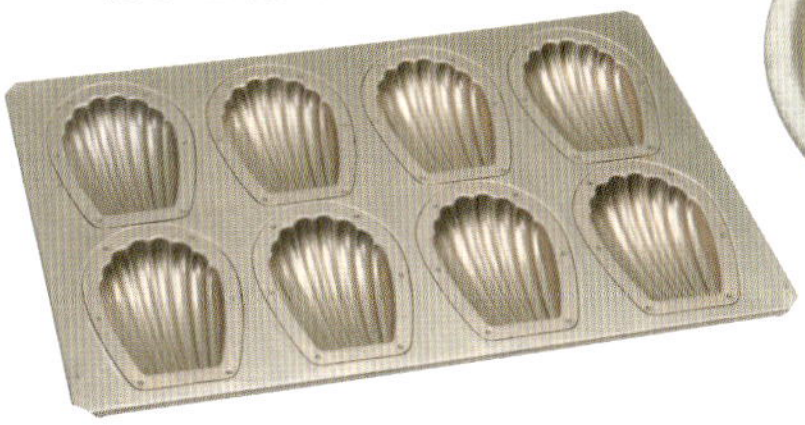

パイ型

縁が外側を向いている型。直径20cmが使いやすく、チェリーパイやアップルパイを作るのに適する。

クッキー型

生地を抜くために使う。ハートや星など種類が豊富なので、自分の好みの型を。行事向けのものもあるとよい。

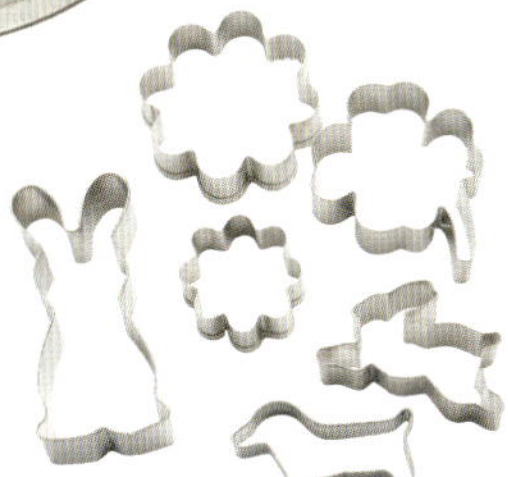

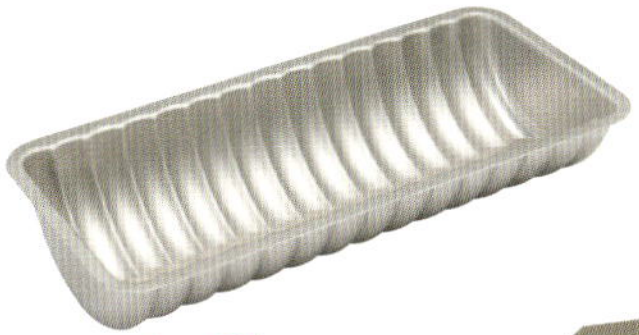

トヨ型

雨どいの形をした型。ドイツのお菓子レーリュッケン（のろ鹿の背という意味）を作るときに用いる。

フィナンシェ型

フィナンシェとは「資産家」、「ファイナンス」という意味があり、金塊の形を表している。

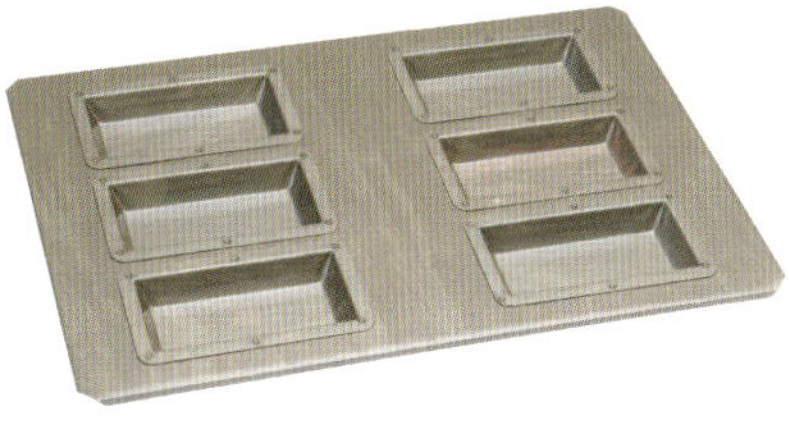

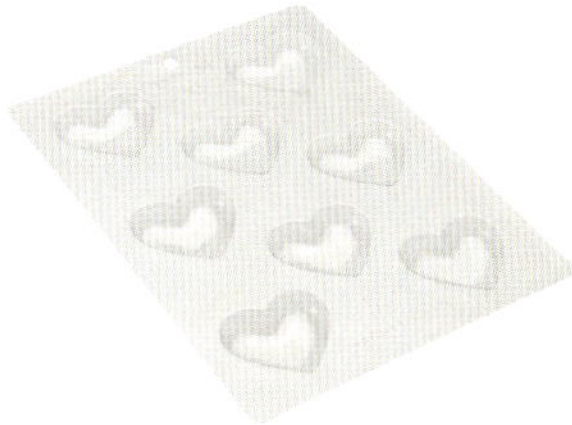

チョコレート型

「モルド」といい、溶かしたチョコレートを固めるための型。バレンタイン時期には珍しいものが手に入るかも。

素材1 フッ素樹脂加工

焦げにくく、熱が回りやすい。鋭利なもので引っかくとフッ素樹脂がはがれるので注意すること。

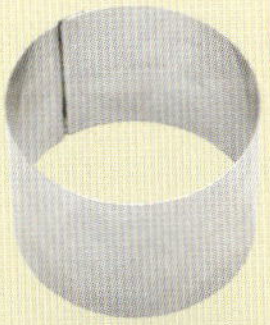

素材2 ステンレス

熱伝導がよいので焼き菓子を作るのに適する。さびにくいが、洗ったあとは水気をきり、乾燥させること。

素材3 ブリキ

鉄の板にスズメッキを施している型で熱伝導がよい。洗ったあとはオーブンの余熱などで乾かし、さび防止を。

素材4 シリコン

シリコンは250℃の高温から－40℃の冷凍にも耐えられる。やわらかく曲げられるので、取り出しやすい。

型選びのときには素材も確かめて！

人気のあるシリコン型は、外しやすくキャラメル作りなどに便利だが、焼き菓子の場合は、焼き色がつきにくくカリッと焼けない。しかし、バターをぬる手間が省けるメリットもある。

お菓子と材料の保存方法

手作りの生地やクリームは傷みが早いので賢く保存し、使いきりましょう。作るのに時間のかかるタルト生地などは作りおきしておくと早く成形できます。

クリームの保存

雑菌が繁殖しやすいので早めに使いきって！

とくに注意したいのはカスタードクリームです。卵と牛乳を多く使っているので傷みやすく、冷凍は向きません。冷蔵庫で保存し、2日以内には食べきってください。そのほかのクリームもなるべく早めに使いきりましょう。

ホイップクリーム

保存袋に入れ、空気を抜いて冷凍。またはバットに絞って冷凍し、固まったら保存容器に移す。2～3週間保存可。

↓

使うときには

チョコレートソースなどに。チョコレートを湯せんするときに、クリームを凍ったまま加えて溶かす。

ケーキの保存

飾りの果物などは除いて保存する

その日のうちに食べ終えたほうがよいですが、余った場合は冷蔵庫で1日は保存できます。果物を除けば約2週間冷凍可能です。

保存容器のふたにケーキをのせ、容器をかぶせると形をくずさずに保存ができる。

材料の保存

基本的には表示の賞味期限を守る

卵黄や生クリームは傷みやすいので、早めに使います。卵白は保存容器に入れて冷蔵庫で約2週間保存可能。バターは密閉して保存袋に入れ、約1か月冷凍保存できます。

生地の保存

パイやタルトの生地は焼く前の状態で保存を

焼いた生地は乾燥しないようにラップで包み、さらに、においが移らないようポリ袋に入れて保存します。生地を冷凍する場合は、冷やした金属の板やバットに生地をのせると冷気が早く伝わり、急速冷凍できます。

スポンジ生地

冷ましてラップで包み、ポリ袋に入れる。冷蔵は2～3日、冷凍は2～3週間保存可能。

パイ・タルト生地

パイ生地は3～4回折ってから、タルト生地は成形前の状態で冷凍する。約1か月冷凍保存可能。

シュー生地やクッキー生地

カットしたシートに生地を絞り出して、または焼き上がりを容器に入れて。約1か月冷凍保存可能。

第2章

動作の基本

基本の動作1

ふるう

薄力粉やパウダーなどの粉類は ふるうことで力を発揮します

買ってきたばかりの小麦粉は、袋や密閉容器の中にぎゅっと詰まった状態です。お菓子作りでは、粉がかたまりのまま入るとダマになり味が損なわれるので、必ずふるって使用します。

ふるう作業の役割は、異物を取り除くことと、まとまっている粉と粉とを離して間に空気を含ませることです。粉の1粒1粒がばらばらになると、ほかの材料と混ぜたときに全体に散らばりやすく、均一な生地に仕上がります。

ココアパウダーはそのまま生地に入れると混ぜる回数が増えて気泡がつぶれます。そのため、混ぜる前に薄力粉と一緒にふるい、合わせてから使います。また、アーモンドパウダーは薄力粉にくらべ粒が大きいので、目の粗いこし器でふるってから使ってください。

正しいふるい方

50g以下の粉類はふるうと空中に飛んで減る割合が大きいので
ふるってから、計量するようにしましょう

手の動き

柄を片手でしっかり固定して持つ。もう片方の手のひらをふるいの縁にあて、手首を左右に動かし振動させる。

ふるう量

少量の粉なら一気にふるってもよいが、量が多いと重くて目詰まりを起こすので、数回に分ける。

ふるう高さ

15cmくらいの高さから、同じ場所にふるう。高すぎると粉が周囲に飛び散り、計量が狂いやすい。

粉をふるうとこう変化する

Before

粉同士がくっついてかたまり、ボロボロとしたダマの多い状態。

After

粉の粒が細かく均一になり、ふんわりとしている。サラサラの状態。

手のひらでふるいの縁を軽くたたくと、その振動によって粉が落ちる。ふるい終わりは、網に残った粉もしっかり落とすこと。

何でふるう？

大粒や色つきの粉類なら**こし器**でふるう

ZOOM

網が二重、三重のこし器だとより細かくふるえる。

粒の大きなアーモンドパウダーは少し粗い目のこし器を、色つきのココアパウダーなどは目の細かいタイプのこし器が向く。

細かい粉類なら**粉ふるい**でふるう

カップ型の専用ふるいは、持ち手を手動で動かすタイプと電動タイプがある。薄力粉やベーキングパウダーなどに向く。

どこにふるう？

紙の上へ

あとから鍋などに移しかえる作業があるときに。折り目をつけた紙の上にふるうと、こぼさず移しかえやすい。

ボウルへ

はじめにボウルの中で粉とほかの材料を混ぜる作業があるときに。大きめのボウルの中に直接ふるい入れる。

作業台へ

パイ生地やタルト生地など、作業台の上で材料を切り混ぜるときに。使う直前に、清潔で乾いた作業台の上にふるう。

「ふるう」ときの３つのルール

少しの粉、または数種類の粉を使うときは、ふるい方が少し違います

ルール1
少量の粉なら茶こしでふるう

飾り用に上がけする粉砂糖やココアパウダーなどは、こし器よりも茶こしを使うほうが、かける量を調節しやすい。

ルール2
最後の粉までしっかりふるう

ふるい終わりに残る粉のダマは、直接上から手で網目に押しつけて通す。網に残ると計量した分量が減るので最後までふるう。

ルール3
作業中に道具を洗ったら乾かして水気をよくふく

こし器に水滴がついていると粉がかたまって網目が詰まり、うまくふるえない。いったん洗うとすぐ乾かないのでよくふくこと。

基本の動作2

混ぜる

「混ぜ方が足りない」「混ぜすぎ」ちょうどよい混ぜ具合とは？

単に混ぜるといっても、力加減や回数、道具、材料の状態によって混ぜ方は微妙に違います。

基本はかたい材料（カスタードクリームや油脂など）にやわらかい材料（泡立てたメレンゲや液体など）を少しずつ入れ、溶きのばすように混ぜます。すべてを入れず「少量入れて混ぜる」をくり返し、徐々に材料同士のかたさを近づけます。

混ぜ方は、ぐるぐる回すようにしてはいけません。ときには力を入れて押すように、ときにはやさしく2～3回さっくりと、目的に合わせて加減します。たとえば、かたさのあるバターや生地はつぶすように、メレンゲなどは泡をつぶさないように、生地のキメを整えるためになど、状況によって判断しましょう。

材料別　混ぜ方のpoint

材料によっては混ぜにくいものがあります。
力加減や道具をあてる角度などに注意して混ぜましょう

卵

かたまりを残さない

卵のコシがなくなるようにしっかりと混ぜる。泡立て器や数本の菜箸、フォークなどを使うと混ぜやすい。

粉類

粉のかたまりを散らすように

スポンジ生地などたくさんの量の粉を混ぜるとき。底のほうから返すようにすくい、粉を散らしてなじませていく。

チョコレート

湯が入らないように

チョコレートを湯せんするとき、湯が入るとチョコレートがダマになり味を損なう。溶かしながらゆっくり動かす。

牛乳

混ぜながら温める

牛乳を熱するときは、鍋底が焦げつかないようによく混ぜる。ゴムべらの先を立て押しつけるように持つとよい。

レシピに登場する「混ぜる」

「切るように混ぜる」など、よく聞くフレーズには落とし穴があります

ゴムべらを使って「混ぜる」

へら全体で材料をつぶしながら、全体を大きくすくいながらなど、動かし方によってさまざまな混ぜ方ができる。

さっくり混ぜる

生地にメレンゲを加えるなど、泡をつぶさずに混ぜるときに底にゴムべらを入れ、すくうように生地を持ち上げて返す動作をくり返す。

切るように混ぜる

生地に薄力粉を入れるとき、全体に散らしながら切るように混ぜる。ゴムべらを立てて持ち、奥から手前に向かって動かし、返す。

押しながら混ぜる

タルト生地のようにかたさのある生地は押しながら混ぜる。液体などやわらかい材料を生地に押し込み、なじませるようにする。

泡立て器を使って「混ぜる」

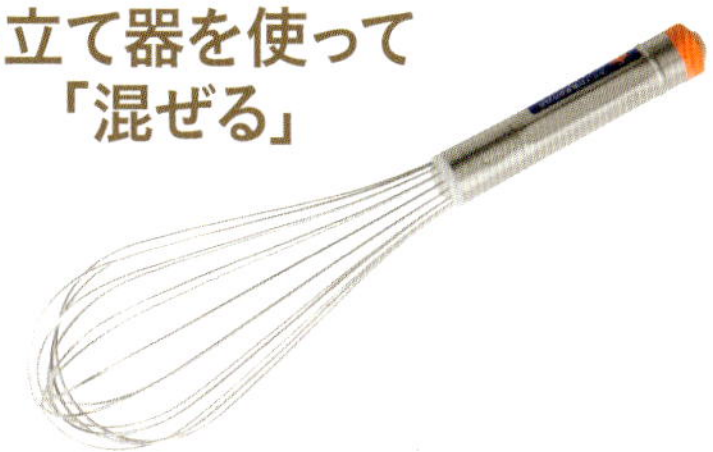

ワイヤーが多く、一度に広範囲を混ぜることができる。メレンゲを生地に混ぜるときは泡がつぶれるので不向き。

すり混ぜる

卵黄と砂糖、バターと砂糖など、水気の少ない材料を混ぜるときに。泡立て器の柄を短く握り、ボウルに材料をこすり合わせて混ぜる。

つぶしながら混ぜる

室温にもどしたバターやクリームチーズなど、かたさのある材料をほぐすときに。力が入るよう泡立て器を握って持ち、押して混ぜる。

もったりするまで混ぜる

泡立て器をボウルいっぱいに大きく動かして混ぜる。卵を泡立てるときは高速で混ぜないと泡が消えやすい。

泡立てる

ふんわりやわらかな泡は手早い作業が絶対条件です

卵白をメレンゲに、生クリームをホイップクリームにする「泡立て」は、お菓子作りに必須です。泡立て作業は手が疲れる、理想の泡立ちがわかりにくいなど、苦手意識が強いもの。しかし、正しい泡立て方を覚えれば手の疲れが軽減でき、お菓子作りの腕が上がります。

ふわふわとした泡を作るには次の3つが大切です。①ボウルの下にぬれ布巾を敷き、固定する。②ハンドミキサーや泡立て器は正しく持つ。③手早く作業する。

ボウルの傾け方、泡立て器をあてる角度を間違えるといくら混ぜても泡立ちません。また、作業が遅いとせっかくできた泡がつぶれるので注意しましょう。ホイップクリームの場合は、用途によって泡のかたさを調節して使います。

正しい泡立て方

基本的にはハンドミキサーで一気に泡を作り、
最後に泡立て器で混ぜてキメを整えて仕上げます

泡立て器で泡立てる

力がいるが調節しやすい

ボウルをななめに傾けて持ち、泡立て器をボウルにたたきつけるようにして動かす。力まかせにカシャカシャ動かすより一定のスピードで動かすほうがよい。

ハンドミキサーで泡立てる

泡が飛び散らないように固定する

卵などの材料の場合、はじめは低速でほぐす。高速にし、泡ができたらボウルまたはハンドミキサーを動かして全体を均一にする。目的のかたさに近づいたら中〜低速にする。

ハンドミキサーの基本の切りかえ方

低速 → 高速 → 中速 → 低速

泡立ての目安は「角が立つ」

泡をすくい上げたとき、小さな山のようにピンと立つ状態が理想です。泡立てが足りないとだらりと流れ、逆に泡立てすぎるとツヤが消えてぼそぼそします。ホイップクリームの場合は、使い道によって泡立て具合を少し調節して仕上げます（75ページ参照）。

2大泡立てを知る

卵白を泡立てる

卵白のもつ「起泡性」（137ページ参照）を利用し、はじめにほぐしてから泡立てる。

はじめは泡立て器で卵白をほぐし、ハンドミキサーに持ちかえて高速で勢いよく混ぜる。卵白に空気を含ませるように混ぜる。

ふんわりとしたメレンゲになる。卵白の温度が高いとキメが粗くなり、冷たいとキメが細かくなる。

生クリームを泡立てる

低い温度でないと風味が損なわれ劣化するので、氷水をあてて5℃以下を保ちながら作業する。

氷水を入れたボウルに、生クリームと砂糖を加えたボウルを重ねる。ハンドミキサーを高速にして垂直に立てて、泡立てる。

生クリームに含まれる脂肪球が空気を取り込み、ホイップクリームになる。角が立ったらでき上がり。

泡立ての失敗

ちょっとのミスで知らず知らずのうちに泡立ちが悪くなります

失敗1 泡立てすぎて食感が悪い

泡立てすぎると分離し、キメがなくなってぼそぼそとした食感になる。

失敗2 泡立てが足りずだらりとしている

ツヤとふんわり感がなく、持ち上げたときにだらりと流れ落ちる。

失敗3 砂糖を一気に加える

砂糖を一気に入れるとだれて泡立ちにくくなるので、混ぜながら数回に分けて加える。

基本の動作4
ぬる

表面にひとぬりするだけでお菓子の表情がかわります

ケーキにクリームをきれいにぬるには、無駄な動きを省いて作業することが大切です。

まず、少量のクリームを全体に薄く広げ「下ぬり」をします。これを一度冷蔵庫で冷やし固め、再度均一な厚さに「本ぬり」して仕上げると見栄えがよくなります。プロはこの間、ナイフの角度を熟知して動かし、クリームがだれないよう手早く行います。きれいにしようと、何度もぬり直したり、同じ場所に重ねぬりしたりするとかえって失敗します。

また、お菓子作りには焼く前の生地に、はけで水や卵液などをぬり、仕上がりをきれいにする作業もあります。卵はカラザ(白い膜の部分)が入ると食感が悪くなるので、除いてよくほぐしてから使うようにします。

ケース別 ぬり方のpoint

全体にムラなく均一な厚さにぬるのが基本です。
なるべく少ない回数でさっとぬるようにしましょう

生地にクリームをぬる

ショートケーキはクリームがだれないよう手早く仕上げて

表面をぬるときはパレットナイフを寝かせて生地にあて、奥から手前に向かってさっと動かします。側面は回転台を回しながらクリームを徐々に広げていき、パレットナイフは無駄に動かさないのがコツ。

1 生地の中央にクリームをのせ、奥から手前へ均一にぬり広げる。

2 ナイフの先を下に向けて持ち、側面を一周ぬる。「下ぬり」の完成。

3 冷蔵庫へ入れて約10分冷やす。クリームを足して1～3をくり返す。

4 全体をおおうように均一にぬったら「本ぬり」の完成。

理想の仕上がり！

全体に均一な厚みでクリームがつき、中の生地がしっかり隠れたらOK。デコレーション前に再度冷蔵庫で冷やす。

型に バターをぬる

生地を焼いたときに、型に生地がはりつくのを防ぐ効果があります。

型の内側にやわらかいバターをはけでぬる。型を外したときにお菓子の形がきれいに残り、香ばしい香りが移る。

パイ生地に 溶き卵をぬる

焼いたときの乾燥を防ぎ、表面に照りが出て焼き色がこんがりつきます。

卵はよく溶き、パイ生地の表面がぬれる程度に、はけで薄くぬる。パイの層が壊れるので断面にはぬらない。

生地に ナパージュをぬる

ナパージュは砂糖、水、洋酒などを煮詰めたもの。ツヤを出し、乾燥を防ぎます。

ナパージュはよく煮溶かして、熱いうちにぬる。生の果物にぬるときは薄くのせる程度に。

シュー生地に 水をぬる

焼いている途中に生地に亀裂が入り、表面がパリッとします。

表面を軽く湿らせてから焼くと、表面の水が一気に蒸発してパリッと焼け、ふくらんだ表面にきれいな亀裂が入る。

見た目を美しくする「コーティング」とは？

コーティングとは「おおう」こと。ナパージュのほかにもさまざまな方法があります。

フォンダンで

砂糖や水あめなどを煮詰めたものを仕上げにお菓子にかけて室温におくと糖衣の状態になる。コーヒーなどで色をつけてもよい。

チョコレートで

テンパリング（150ページ参照）したチョコレートをお菓子の表面にかけ、温かいうちにパレットナイフでぬり広げる。

ゼラチンで

果汁にゼラチンを加えた液を生地の上に流す。冷蔵庫に入れて冷やし固めると表面がゼリーでおおわれた状態になる。

基本の動作5 絞る

シュー生地、デコレーションなど見た目を華やかにする作業

ケーキのデコレーション、絞り出しクッキー、シュー生地など、絞り出しの作業は楽しい反面、センスが問われる難しい作業でもあります。

絞ったときに見た目が悪くなる原因は、幅、大きさ、高さ、間隔がばらばらになること。これらを均一にするのが一番の解決策です。

まず、絞るときの手の力は始終同じ加減にします。また、絞り出し袋の中は常にパンパンの状態を保ちます。そして、袋に入れたクリームなどがだれないうちに手早く絞り出します。何度も練習すると感覚がつかめるでしょう。

絞り出し袋はくり返し使えるタイプがおすすめです。使用後は残った中身をきれいに出し、口金を外して洗います。水滴はきれいにふき、しっかり乾かしてから保管してください。

絞り出し袋の使い方

絞り出し袋には使い捨てタイプと洗ってくり返し使えるタイプがあります。
どちらも使い方は同じなので正しく覚えましょう

1

絞り出し袋の内側を開き、口金を入れて袋の先端から出るように押し出す。

2

口金の先を袋にしっかりとはめる。袋の口金の上のほうをねじり、口金の内側に袋を少し押し込む。

3

計量カップやマグカップにねじった口金の先を入れ、袋の口を外側に折る。生地やクリームなどの中身を詰める。

4

袋をカップから外す。作業台に置き、袋の上から先端に向かってスケッパーで押して寄せ、余分な空気を抜く。

クリームを絞る

生地の中に詰めるクリームや
デコレーションのクリームを絞ります

パイ生地の中にカスタードクリームを絞るとき。絞りながら口金を微妙に動かし、しっかり詰めて絞る。

ケーキに絞るとき。少し高めの位置からふっくらするように、大きさを考えて絞り出す。

生地を絞る

シュー生地、クッキー生地、チュロスなど
絞ったら、だれないうちにすぐ焼きます

シュー生地。薄力粉をつけた抜き型で円の印をつけておき、その円の中に高さをつけてドーム状に絞る。

絞り出しクッキー。星型の口金で小さな円を描くように絞り出す。絞り終わりは横に引くとよい。

間隔をあけて絞り出す

エクレア生地。生地がふくれることを考え、間隔をあけて絞る。近すぎるとオーブンの熱風が通りにくい。

絞り出し方

袋の中は常に中身が
パンパンに詰まった状態で絞り出します

1

中身がはみ出さないように袋の口をねじる。利き手で下から支えるように持つ。

2

口金を下に向けて先のねじりをもどし、中身がパンパンな状態になるのを確認する。

3

口金を上に向け、もう片方の手で口金を固定した部分を支えるように持ち、絞る。

4

絞り終わりは、口金で生地やクリームをなでるように円を描き、すっと持ち上げる。

かたさを調節する

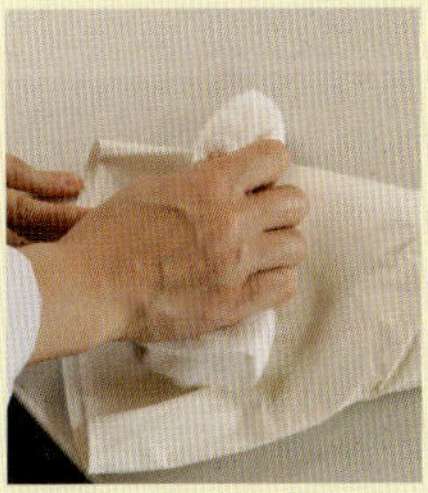

タオルを上からあてるとやわらかくなり、絞りやすくなる。

中身がかたくて絞れない場合、乾いたタオルをあてるとじんわり温まりやわらぐ。逆に中身がやらわかすぎると絞ったときに形がくずれるので、冷蔵庫で少し冷やしてから使う。

基本の動作6 のばす

力加減やタイミング、麺棒使いを見直しましょう

パイやタルト、クッキーなどを成形するときに、生地が均一にのびない、べたべたになってやぶれた……。このような失敗の声をよく聞きますが、成功のカギは麺棒の使い方です。

まず、打ち粉（強力粉）を作業台と生地にはたき、はりつきを防ぎます。生地はすぐにのばさず、麺棒の全体に均一に押してかたさをほぐしてからのばしはじめます。のばすときには生地の真上から力が加わるように麺棒を転がし、のばし終わりは生地のぎりぎりで止めてください。端までのばすと生地が薄くなりやぶれます。

のばしている最中に生地がべたべたするのは、バターが溶け出した証拠です。道具や作業台、生地など冷やせるものは事前に冷やしておき、涼しい部屋で手早く行いましょう。

正しいのばし方

のばしはじめる前に麺棒の上から体重をかけて
生地を押し、のばせるかたさにほぐします

上下の端を残して点線の内側を目的の長さと厚みにのばす。

背筋をのばして立ち、麺棒の真上から手のひらの中央をあてる。麺棒を手前から奥に転がし、生地を回転させながら徐々に広げていく。

のばし終わりは
点線部分より上下の端はのばさず、ぎりぎりで止める。目的の長さまでのばしたら、生地の端を軽く押さえて同じ厚みにして仕上げる。

四角にのばす

生地を大まかな四角にし、上から軽く押して広げ90°回転させながらのばし厚みを整える。

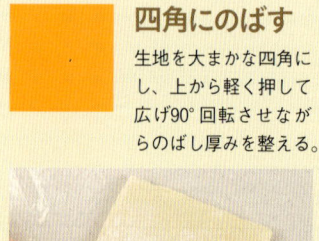

生地を休ませる前に、ある程度四角に整えておくことで、手早くきれいにのばせる。

丸にのばす

生地をほぐしたら、生地を90°ずつ回転させながらのばし、全体の厚みを整える。

回転させながらのばすことで自然ときれいな円形ができる。

のばすときの6つのpoint

Point 1 作業台を冷やす

作業台が温かいと生地中のバターが溶ける。氷水を入れたバットを作業台に置き、使う部分を冷やしておく。

冷やしたあと、作業台がぬれていたらふく。

Point 2 手を冷やしてから作業する

手の温度で生地がだれるので、作業の前に冷水に手をつけておく。室温も20℃以下に設定しておくとよい。

必ず水気をふいてから作業すること。

Point 3 打ち粉をする

生地や作業台にサラサラとした強力粉をはたくことを「打ち粉」という。生地が手や作業台にはりつくのを防ぐ。

粒子の粗い強力粉は分散しやすい。

Point 4 のばす前に上から押す

生地がかたいままのばそうとすると、折れたりひびが入ったりする。軽く押すか、練ってかたさをほぐしてのばす。

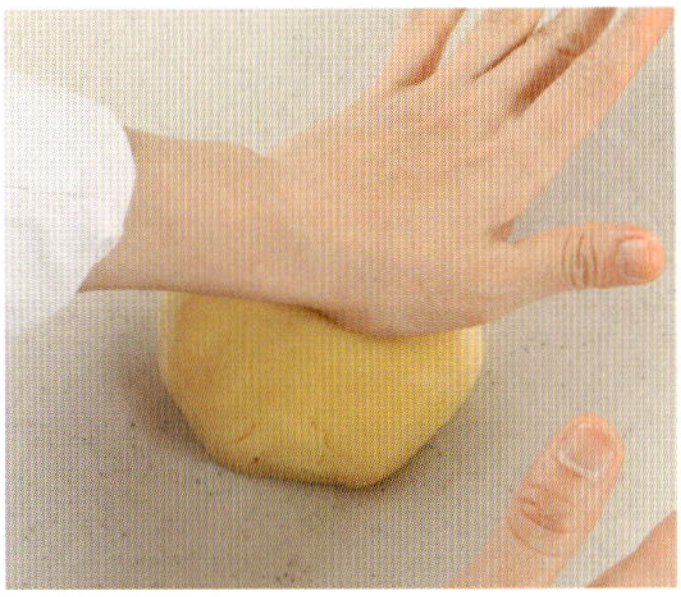

ほぐしても割れてしまう場合は軽く練るとよい。

Point 5 返すときは麺棒を使う

生地を裏返すときや回転させるとき、生地を手でさわると熱でだれやすいので、麺棒にとってから裏返す。

麺棒を生地の下に入れて生地を持ち上げる。

Point 6 型よりもひと回り大きくのばす

型に生地を敷き込むときは側面にも生地が必要なので、型のサイズよりもひと回り大きめにのばす。

型にかぶせられる大きさにのばす。

「生地を休ませる」のはどうして？

パイ生地などを作るとき、いったん冷蔵庫に入れるのはふたつの目的があります。ひとつは作業中にやわらかくなったバターを冷やすため。もうひとつは、小麦粉に含まれるグルテンの弾力を弱めるためです。一度練ったり、のばしたりすると弾力が出て縮もうとする力がはたらきます。あとの作業でのびが悪くならないように休ませるのです。

次の作業に向けて一度休ませるのも大切な作業のひとつ。

基本の動作7 焼く

お菓子の焼き上がりは オーブンをあけてのお楽しみ

オーブンの中では加熱によって、バターが溶ける、砂糖が香ばしくなる、水分が蒸発するなど、さまざまなことがいっぺんに起こります。そのため、焼く前後に工夫が必要です。

泡立てた生地を焼く場合は、型に流し入れた生地を布巾の上に軽く打ちつけて、表面を平らにならし、余分な気泡を抜く作業が必要です。この作業を怠ると大きな空洞ができたり、生地の厚い部分と薄い部分とで焼きムラができたりして、見た目が悪くなります。焼き上がりは、中に火が通ったかを確認します。竹串を刺して抜いたとき半生の生地がつかなければ焼き上がりです。中が半生の状態のまま冷ますと生地が縮みます。焼き足りない場合は手早くオーブンにもどし入れ、加熱時間をプラスします。

お菓子を焼く温度

香ばしくサクッと、しっとりふわふわなど、
お菓子の理想の焼き上がりは適度な温度調節が要です

こんなお菓子を焼く	温度	
・パイ生地 ・シュー生地 ・エクレア生地 など	190～220℃ 高温	高い温度で、水分を一気に飛ばす。サクッとしたパイ生地、蒸気によってふくらみを作るシュー生地、エクレア生地などを焼くのに適した温度。
・スポンジ生地 ・タルト生地 ・バターケーキ ・クッキー など	160～180℃ 中温	生地にほどよく焼き色がつき、火が通る。たいていのお菓子は中温で焼くことが多い。ただし、長時間焼く大型のお菓子は焦げやすいので160℃ほどに設定を。
・シフォンケーキ ・スフレチーズケーキ（湯せん焼き） ・メレンゲ（乾燥焼き） ・ダコワーズ など	160℃以下 低温	じんわりと火を通して、やわらかい食感を楽しむお菓子に向く。湯せん焼きの場合は、まわりの湯が沸とうするので、その蒸気を利用して火を通す。

オーブンで焼く前の注意

平らにならす

生地を平らにならし、型ごと生地を作業台に落として気泡を抜くと型全体の火の通りが均一になる。

間隔をあけて並べる

生地と生地の間に火が通るように、すき間をあけると均一に火が通り、焼きムラを防ぐことができる。

ふくらみを考える

マフィンやシフォンケーキなどは生地がこぼれ出ないように、型の7～8分目まで入れる。

焼くときのPOINT

焼き上がりをCheck!

中まで火が通っているか確認

焼き色を見るか、軽くさわって弾力があるかを確認する。また、火の通りにくい中央に竹串を刺して約3秒待ち、生地がつかなければ火が通った証拠。

刺して抜いた竹串に半生の生地がつかなければOK。

庫内を熱く保たないとしっかり焼けない。

焼いているときはオーブンをあけない

温まっているオーブンの中の温度が下がると、ふくらもうとする生地が冷めてふくらみにくくなり、焼きムラができやすい。

上火が弱まり、焦げにくくなる。

焦げそうならアルミホイルを

表面の焼き色のつき具合を見て、火のあたりを弱めたいときには、生地にアルミホイルをかぶせると、じんわり火が通る。

焼き方の種類

湯せん焼き

スフレやプリンなど、ふわっと蒸し焼きにするときの焼き方。型をのせたバットに、熱湯を注いでから焼く。

100℃以上にならないのでしっとり焼ける。

乾燥焼き

シュー生地などを焼き上げたあと、オーブンの中において余熱を使って火を通すこと。水分が飛び、パリッとなる。

表面をきれいに見せるための仕上げの焼き。

空焼き

タルト生地などを型に敷き込んだあと、詰め物をせずに生地だけを焼くこと。うっすらと色づく程度に焼き上げる。

重しをのせて焼き、表面が乾いたら外して再度焼く。

基本の動作8
切る

お菓子がくずれないように切るのがポイントです

お菓子作りでは生地を切るのに、波刃のケーキナイフを使います。刃をのこぎりのように前後に動かすと、刃の凹凸《おうとつ》が生地に引っかかりきれいに切ることができるのです。

デコレーションしたお菓子は、生地、クリーム、果物など、かたさの違うものが重なっています。波刃を使うと、さまざまな重なりを同時に切っても形がくずれません。チョコレートやクリームなどのお菓子は、厚みの薄い包丁の刃をバーナーや湯で温めてから切ると、チョコレートなどがほどよく溶けてきれいに切れます。

また、果物のカットには刃渡りの短いペティナイフが向きます。りんごを薄くスライスしたり、ぶどうの皮をむいたりなど細かい作業を行いやすく便利です。

焼く前の生地を切る

やわらかい生地は刃を前後に動かしながら切ると生地が引っぱられて形がくずれます。一度ですぱんと切りましょう

ケース1

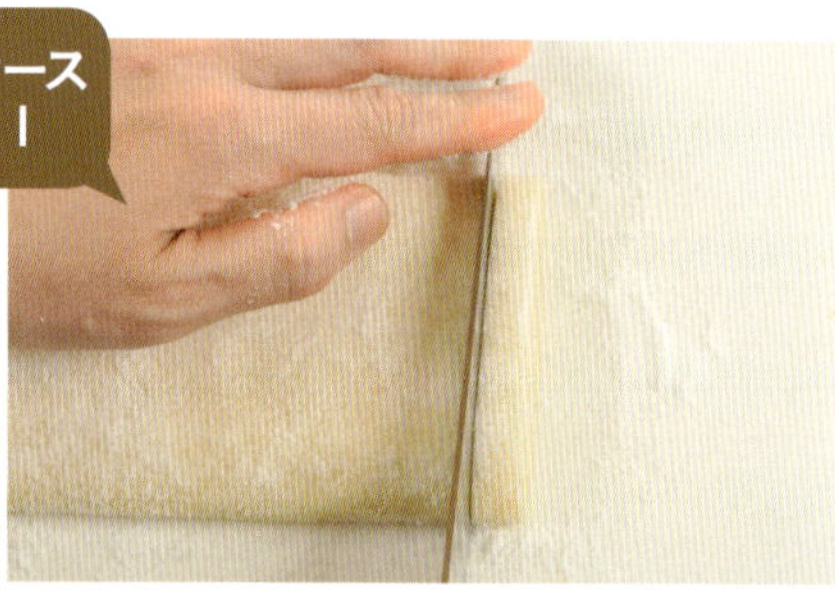

パイ生地は層がくずれないように切る

パイ生地は生地とバターがきれいに重なり層になっている。この層がつぶれないよう、1回ですぱんと切る。パイカッターを使ってもよい。

ケース2

バター生地は焼いている途中で切り込みを入れる

焼くと生地中の水蒸気の影響で表面に亀裂が入る。中央がきれいにふくらむよう焼きはじめてしばらくしてから中央に切り込みを。

ケース3

クッキー生地は形がくずれないようにラップする

アイスボックスクッキーは生地中のバターが溶けやすいので、ラップをして形を作り冷やしてから切る。ラップを外して焼く。

焼き上がりを切る

焼き上がりのかたい生地は形がくずれないように丁寧に切ります

使うのは…

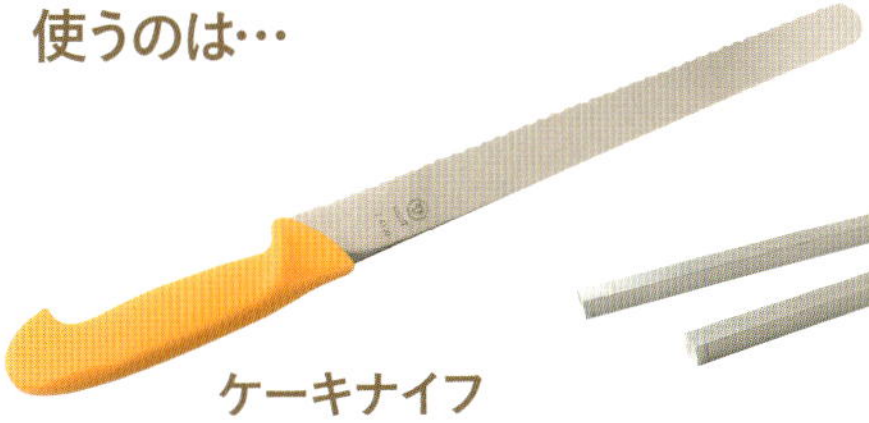

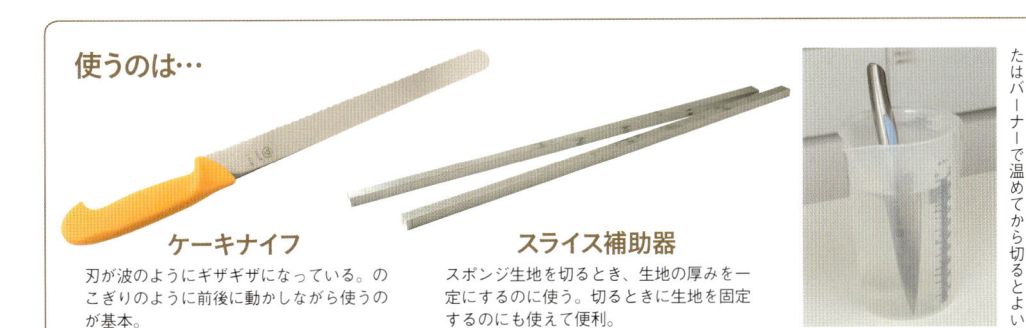

ケーキナイフ

刃が波のようにギザギザになっている。のこぎりのように前後に動かしながら使うのが基本。

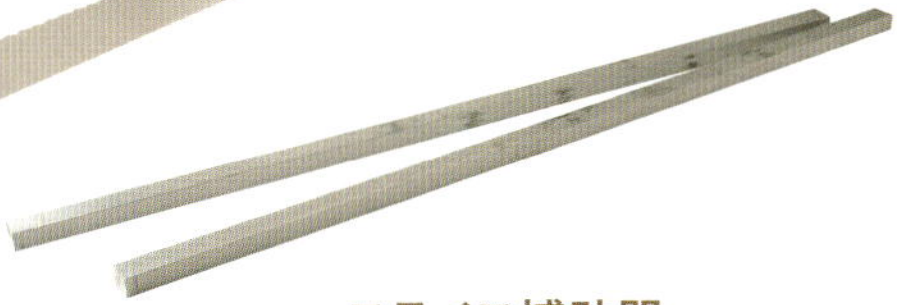

スライス補助器

スポンジ生地を切るとき、生地の厚みを一定にするのに使う。切るときに生地を固定するのにも使えて便利。

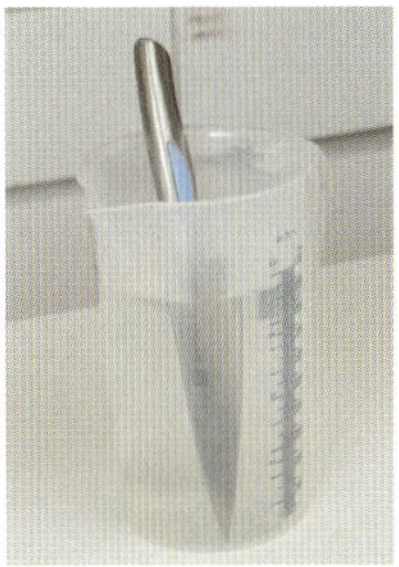

湯につける

デコレーションしたお菓子を切る場合は、刃を湯につけて水気をふいて、またはバーナーで温めてから切るとよい。

タルト生地を切る

完成後に切り分けるときは、形をくずさないようケーキナイフを前後に小刻みに動かして中心から半径を切ります。

Point
飾ったクリームと果物はやわらかく、生地はかたいという不安定な状態。

果物がくずれないよう、指で押さえながら中心に刃を入れて外側に向かって切る。

パイ生地を切る

ミルフイユの成形などをするときは生地がくずれやすいので、定規をあてながら刃先を少しずつ動かして切ります。

Point
生地が浮いてうまく切れないときは、生地の端を指で軽く押さえながら切る。

一気に切ろうとすると生地にひびが入って割れるので、少しずつ切っていく。

スポンジ生地を切る

スポンジ生地は、生地と生地の間にクリームをはさむため、厚さを等分します。側面がボロボロくずれないように気をつけて切りましょう。

1

生地の側面にスライス補助器をはさむようにあてて固定する。

2

生地を上から軽く押さえる。ケーキナイフを寝かせて切る。

3

切り終わりは生地がくずれやすいので生地をゆっくり回転させて切る。

4

上の部分の残りの生地は、同様にして厚みを半分に切り、三等分する。

知ってておきたい

製菓用語辞典

お菓子作りのレシピには動作や加減などに専門用語がよく用いられます。言葉や動作ひとつひとつの意味をよく理解して細かな気配りができるようになりましょう。

下準備編

室温にもどす

バターや卵の状態を表す。冷蔵庫から出し、しばらく室温においてから使用するということ。

予熱する

実際に焼きはじめる前に、オーブンの庫内を十分に温めておくこと。予熱することで、ムラなく焼ける。

フランベ

風味づけに使う洋酒やリキュールなどを鍋で熱し、アルコール分を飛ばしてまろやかにする。

湯せん

ボウルを湯にあてて、材料を溶かしたりやわらかくしたりすること。卵やチョコレートなどの作業に多い。

ケーキ編

アパレイユ

粉、卵、バター、牛乳など数種類の材料を混ぜ合わせた流動状の生地のことをさす。

リュバン状

スポンジ生地の卵と砂糖を泡立てたとき、生地をたらすと文字が書けるくらいまでもったり泡立てた状態。

ブランシール

バターと砂糖、卵黄と砂糖などをすり混ぜたとき、空気を含んで白っぽくなること。

平らにならす

スケッパーで表面を平らにしたり生地を軽く作業台に打ちつけたりして気泡を抜き、表面を平らにすること。

パイ・タルト編

こねる
パイ生地のデトランプなど、生地をなめらかな状態になるまで練ること。

デトランプ
折り込みパイ生地のはじめに作る練り生地のこと。小麦粉にバターと水を加えてこねてまとめた生地。

冷ます
焼き上がりの熱い生地を、室温にそのままましばらくおいて温度を下げること。

ピケ
生地に穴をあけて蒸気の逃げ道を作ること。焼いたときに生地がふくらんで底が浮くのを防ぐ。

休ませる
生地をこねたりのばしたりしたあと、薄力粉のグルテンの力を抑えるため冷蔵庫にしばらくおくこと。

アンビベ
生地がぱさつかないよう洋酒入りシロップなどをぬって湿らせ、風味をつけること。

空焼き
型にタルト生地などを敷き込み、何も詰めず（フィリングせず）に生地だけをかたさがでるまで焼くこと。

フィリング
英語のFill（満たす）の意味。タルトやパイに入れる、クリームなどの詰め物をさす。

ナパージュ
ジャムや砂糖、水、洋酒などを煮詰めたもの。果物や生地にぬって乾燥を防ぎツヤを出す。

乾燥焼き
生地を焼いたあと、庫内から出さずに余熱にあてること。水分が飛んで表面が乾き、パリッとする。

打ち粉
生地を麺棒でのばすときに、作業台と生地や、麺棒と生地がはりつかないように強力粉をまぶすこと。

ナッペする
デコレーションのときに、パレットナイフを使って生地にクリームをぬり広げること。

そのほか

フォンダン

砂糖や水あめなどを煮詰めて急激に冷まして練り、白いクリーム状にしたもの。お菓子にぬると糖衣になる。

湯せん焼き

プリンやスフレを作るとき、型の周囲に湯を注いでオーブンに入れ、蒸し焼きのようにすること。

ピエ

フランス語で「足」という意味。マカロンを焼くとき、下にできるふくらみのことをさす。

発酵

ドーナツなどイーストを入れて生地を作るとき、一定時間休ませて生地を膨張させること。

クリーム・メレンゲ編

角が立つ

泡立ての理想の状態をさす表現。クリームやメレンゲを持ち上げたとき、先端がピンとできる状態。

分離

油分と水分が離れること。バターなどの油脂と牛乳などの液体を混ぜたときになじまない状態をさす。

乳化

油分と水分がなじんだ状態のこと。材料を混ぜたときクリーム状に混ざり合う。

キメを整える

メレンゲの泡立て終わりに、気泡を細かく均一にすること。スポンジ生地ではツヤが出ている状態をさす。

チョコレート編

テンパリング

上がけに使うチョコレートを溶かして温度調節をすること。ツヤが出てなめらかな状態になる。

ガナッシュ

チョコレートと生クリームを混ぜ合わせ、用途に応じてかたさを調節したもの。トリュフなどの中身に使う。

冷菓編

ふやかす

ゼラチンや寒天などの凝固剤を使うときに、水にひたしてやわらかくすること。

固める

ゼラチンなどの凝固剤を溶かしたあと、冷蔵庫に入れて冷やして形を作ること。

第3章

生地と
クリームの基本

定番生地の作り方をマスター

生地作りの基本

生地の焼き色や形がきれいだと、それだけでお菓子がおいしそうに見えます。
作り方を正しく覚えて、コツをつかみましょう。

混ぜ加減を知る

どんな状態になるまで混ぜるのかという目安や、気泡をつぶさないようにする力加減などを覚えましょう。

温度調節を知る

材料は冷やしたり、湯せんで温めたりと、適温にして使わなければ効果が発揮されません。

材料の特徴を知る

小麦粉は練るとねばりが出る、砂糖は卵の泡立ちを安定させるなど、材料の性質を理解して作りましょう。

材料の割合や入れる順序によって仕上がりが違います

ふんわりとしたスポンジ生地の秘密は、泡立てた卵とそれを支える小麦粉の力です。お菓子の生地はこうした材料のもつはたらきがうまい具合にからみ合ってできます。

うまくふくらまない、ぱさぱさの食感になるなど、生地作りの失敗は材料のはたらきを無視したために起こりがちです。まずは128ページ以降を参考に、材料の性質を知ってください。

実際に生地を作るとき、本には書かれていなくても適した室温、混ぜ加減、焼き上がり具合など自分で判断しなければならないことがたくさんあります。細かなさじ加減が大切で、そこが成功と失敗の分かれ目なのです。

とくに、パイやタルト生地を作るときは、生地中のバターが溶け出さないように室温を20℃以下に設定してください。バターが溶け出すと独特のサクッとした食感が損なわれるためです。

生地作りに失敗するとデコレーションにも影響します。なんとなくできて満足するのではなく、くり返し挑戦して美しい仕上がりを目指しましょう。

生地の種類

やわらかな生地、サクッとかたい生地など種類はさまざま

パート・フィユテ（折り込みパイ生地）

練り生地（デトランプ）とバターを折ってのばす作業をくり返し行うことで、繊細な層ができる。

シフォンケーキ生地

卵白を泡立てたメレンゲや液体が入るので、大きくふくらみ、しっとりやわらなか食感に仕上がる。

パータ・ジェノワーズ（共立て法）

全卵の泡立ちを利用して卵黄と卵白を共に混ぜて作るので「共立て生地」と呼ばれる。食感はふんわり。

フィユタージュ・ラピッド（速成折り込みパイ生地）

パイ生地を早く作るため、練り生地の中に切ったバターを混ぜ、それをのばして折りたたんで作る。

パート・ブリゼ（タルト生地）

バターをかたい状態のまま薄力粉と混ぜて作る。砂糖が入らないので甘くなく、砕けるような食感。

パータ・ビスキュイ（別立て法）

卵を卵白と卵黄に分け、それぞれの泡立ちを利用して作るので「別立て生地」と呼ばれる。絞り出しにも向く。

パータ・シュー（シュー生地）

卵が多いので生地が全体的に黄色い。糊化《こか》させた小麦粉のねばりを利用して、大きなふくらみを出す。

パート・シュクレ（タルト生地）

卵の水分を利用して生地を練り込む砂糖の入った生地。独特のほろっとした食感がある。

パータ・ケック（バター生地）

バターがたっぷりと入っているので風味がよい。マドレーヌやフィナンシェも仲間。

基本の生地①

パータ・ジェノワーズ（共立て法）

ショートケーキなどの土台に使うスポンジ生地です。卵でキメ細かい泡を作るので、しっとりとした食感に仕上がります。

材料

（直径15cm・セルクル）

卵…100g

グラニュー糖…60g

薄力粉…60g

バター…20g

パータ・ジェノワーズの基本の作り方

「共立て」とは全卵を泡立てること。卵白と卵黄を分けずに一緒に泡立てるので、焼いたときにしっとりとした生地になる。

直径15㎝のセルクルにオーブンシートを巻いて底を作り、天板にのせる。

容器にバターを入れ、水をはった鍋に置く。湯せんにかけバターを溶かす。

薄力粉をこし器に入れ、紙の上にふるう。オーブンを180℃に予熱する。

ボウルに卵を割り入れ、グラニュー糖を加える。

泡立て器でしっかりと泡立てる。卵がほぐれてとろとろになればOK。

鍋に50℃の湯を沸かす。ボウルを鍋にのせて湯せんし、混ぜながら温める。

泡立て器でよく混ぜ、人肌くらいの温度（約36℃）になるまで温める。

湯せんから外し、ハンドミキサーに持ちかえてさらによく泡立てる。

生地が白くもったりとしたら泡立て器に持ちかえて混ぜ、キメを整える。

ふるった薄力粉を加える。粉を散らしながら加え、ゴムべらで混ぜる。

全体にさっくりと混ぜ合わせ、ツヤのある生地にまとめる。

溶かしたバターが底に沈まないよう、ゴムべらで受けながら表面に流す。

ゴムべらで数回さっくりと混ぜる。バターの筋が見えなくなればよい。

天板にのせた型に生地を流し入れる。型の中央へ入れると自然と広がる。

型を押さえながら、布巾に軽く2～3回打ちつけて空気を抜く。

表面が平らになったら180℃のオーブンに入れて約25分焼く。

生地がふくらみ、表面に焼き色がついたらオーブンから取り出す。

中心に竹串を刺して焼き具合を確認する。串に生地がつかなければよい。

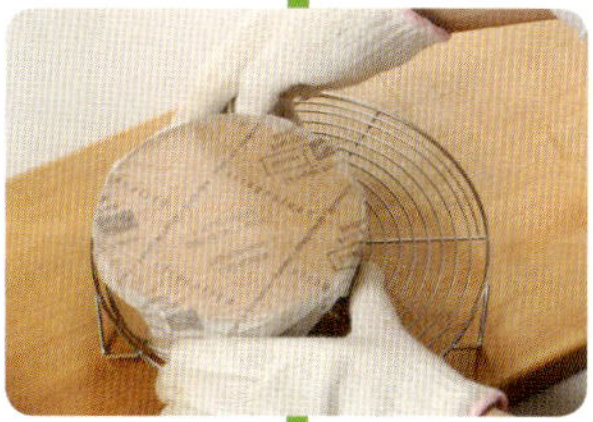

ケーキクーラーに生地を逆さにしてのせる。冷めたら型を外す。

型いっぱいの高さにふくらみ、弾力がある。断面に目立つような大きな穴はない。

生地作り成功のためのPoint

Point 1 卵とグラニュー糖はしっかりと泡立てる

卵と砂糖の泡立ては「リュバン状」という状態が目安となる。混ぜるときに湯せんで温めるのは、卵のコシをゆるくし、砂糖を溶かして泡立てやすい状態にするのが目的だ。

リュバン状とはリボンのようにはらはらと落ちて、その跡が残る状態をさす。白っぽく、もったりすればよい。

このとき、楊枝を1cmほど刺すと傾かない。

Point 2 泡をつぶさずに手早く混ぜる

リュバン状の泡をキープしつつ、残りの材料を混ぜる。そのためには泡立て器でぐるぐると混ぜるのではなく、ゴムべらなどで大きく底からすくうように薄力粉やバターを混ぜるとよい。

この混ぜ方だとつぶれる！

ハンドミキサーや泡立て器を使うのは避ける。

ゴムべらを握って持ち、強くかき混ぜてはダメ。

こんな失敗していませんか？

生地がふくらまずしぼんだ、キメが粗くなったという失敗には何かしらの理由があります。オーブンの予熱は十分か、紙の敷き方が正しいかなども確認を。

粉のダマが残っている

原因は…
薄力粉をふるわずに入れたため大きな薄力粉の粒が残った。

ふんわりふくらまない

原因は…
卵の泡立てが足りなかった、バターを加えてから混ぜすぎた。

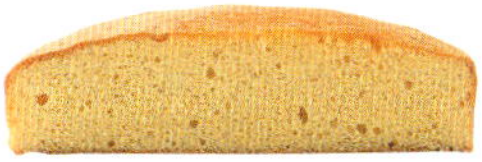

しぼんでしまった

原因は…
焼き方が足りない状態でオーブンから出したため縮んだ。

基本の生地②

パータ・ビスキュイ（別立て法）

卵を卵白と卵黄に分け、泡立てて作るスポンジ生地です。絞り出し、ロールケーキやシャルロットの生地などに用います。

材料

（6cm・約17本分）

- 卵黄…40g
- グラニュー糖…30g
- 薄力粉…60g
- 粉砂糖…適量
- メレンゲ
  - 卵白…60g
  - グラニュー糖…30g

パータ・ビスキュイの基本の作り方

「別立て」は卵白をメレンゲに、卵黄をキメ細かな泡にと、別々に立てた卵を合わせること。絞り出しても形を保てる。

薄力粉をこし器に入れ、紙の上にふるう。オーブンを190℃に予熱する。

卵を割る。殻に卵黄を残して卵白をボウルに落とし、卵白と卵黄を分ける。

ボウルに卵黄と30gのグラニュー糖を入れる。泡立て器ですり混ぜる。

全体が白っぽく、もったりするまでしっかりと混ぜる。

卵白は泡立て器で軽くほぐし、泡立てる。ハンドミキサーを使ってもよい。

角が少し立ってきたらグラニュー糖を2回に分けて入れ、メレンゲを作る。

メレンゲひとすくいを、卵黄のボウルに入れる。泡立て器で軽く混ぜる。

全体がなじんだら、残りのメレンゲをすべて入れてゴムべらで混ぜる。

泡をくずさないように、底からすくうようにしてさっくりと混ぜる。

薄力粉を全体に散らすように加える。ゴムべらで大きく切り混ぜる。

ボウルを手前に回しながら、さっくりと少ない回数で混ぜる。

粉っぽさがなくなるまで混ざればよい。ツヤが出ると混ぜすぎ。

直径1㎝丸型の口金をつけた絞り出し袋に、生地を入れる。

天板にシートを敷き、生地を絞る。用途に合わせた形に絞り出す。

焼くとふくらむことを考え、適度な間隔をあけながらすべて絞り出す。

茶こしで粉砂糖をふるう。約1分おいて再度ふりかける。

190℃のオーブンに入れて約10分焼く。表面と底に焼き色がつけばＯＫ。

天板をオーブンから出し、そのまましばらくおいて冷ます。

冷めたらオーブンシートから生地をはがす。形がくずれないように注意。

生地の表面と底に焼き色がつき、まわりはサクッ、中はふんわりすればでき上がり。

生地作り成功のためのPoint

Point 1 卵黄の泡立てはブランシール

卵白とくらべて泡立ちにくい卵黄は、全体が白っぽくなるくらいが泡立ちの目安となる。白くなるのは空気を含んでいる証拠で製菓用語で「ブランシール」という。

卵黄の色が白っぽく、全体がもったりと濃度がついた状態になるまで混ぜる。

Point 2 卵白と卵黄は少しずつ混ぜる

白っぽくなるまで混ぜた卵黄と、メレンゲにした卵白を合わせるときは、なじませる程度にふんわり混ぜる。メレンゲの泡がしぼまないうちに手早く合わせる。

まずはひとすくいのメレンゲを卵黄に混ぜてなじませる。これを「犠牲の卵白」という。

間隔を詰めて絞ると1枚の生地に

天板にオーブンシートを敷き、正方形の中に間隔を少しあけながら、生地をななめに絞り出していく。

生地が焼き上がりふくらむと、絞った生地が盛り上がり、等間隔に浅い溝のある1枚の生地ができる。

ロールケーキやシャルロットに最適!

生地を冷まして裏返し、カスタードクリームをぬる。好みの果物を並べて、端から丸めるとロールケーキのでき上がり。

基本の生地③

パータ・ケック（バター生地）

4種類の材料を同じ分量ずつ使った生地です。英語では1パウンド（1ポンド）ずつ使うことから、「パウンドケーキ」とも呼ばれます。

材料
（縦18×横7×高さ6.5cm・パウンド型）

薄力粉…80g

ベーキングパウダー…1g

バター…80g

卵…80g

グラニュー糖…80g

パータ・ケックの基本の作り方

バターにしっかりと空気を含ませてキメ細かな生地を作ってから、卵と粉類を加えて混ぜるのがポイント。

型に合わせてオーブンシートに折り目をつけ、4か所に切り込みを入れる。

やわらかくしたバター（分量外）を型の内側にはけでぬる。

型にオーブンシートを密着させて敷き込む。オーブンを180℃に予熱する。

薄力粉とベーキングパウダーを容器に合わせ、泡立て器で軽く混ぜる。

合わせた薄力粉とベーキングパウダーをこし器に入れ、紙の上にふるう。

バターを室温におき、やわらかくする。レンジで約10秒加熱してもよい。

バターを泡立て器でつぶし、クリーム状になるまで混ぜる。

グラニュー糖を1/3量ずつ3回に分けて加え、泡立て器でよく混ぜる。

混ぜるのが大変な場合は、ハンドミキサーを使ってもよい。

ゴムべらに持ちかえ、生地をまとめながら白っぽくなるまで混ぜる。

卵をよく溶き、1/3量を生地に加えて泡立て器で全体をよく混ぜる。

ハンドミキサーで混ぜる。残りの卵も2回に分けて加え、混ぜる。

薄力粉とベーキングパウダーを合わせたものを加えて、ゴムべらで混ぜる。

粉っぽさがなくなり生地の表面にツヤが出てくるまで混ぜる。

生地を型の8分目まで入れる。布巾に型を軽く打ちつけて空気を抜く。

180℃のオーブンに入れ、約25分焼く。表面が固まったら一度出す。

包丁で縦に$\frac{1}{3}$の深さの切り込みを入れる。180℃のオーブンで約5分焼く。

しっかりとふくらみ、中央に竹串を刺して生地がつかなければOK。

型に入れたまましばらく室温で冷まし、オーブンシートをはがす。

型いっぱいにふくらみ、表面の切り込みがきれいに開いたものが理想。

生地作り成功のためのPoint

Point 1 型の縁に生地がつかないようにする

生地を型に流し込むときには、型の中央に入れるようにする。生地を一気に入れて型の縁につくと、その部分が焼けて焦げたり生地のふくらみの妨げになる。

縁に飛び散った生地は、ゴムべらやスプーンで落とし、きれいな状態にしてからオーブンへ入れる。

Point 2 焼いている途中に切れ目を入れる

型の幅が狭く深い形をしているため、焼いたときに生地中の水蒸気が逃げようと中央に自然とひびが入る。見た目がよくなるよう、途中で１本切り込みを入れる。

生地の表面が乾燥してきたら、オーブンから取り出して切り込みを入れる。手早く行うこと。

アレンジするときのコツ

生地の構成を邪魔しないように組み合わせて

トッピングしたい材料を生地に混ぜるだけでアレンジ可能ですが、ドライフルーツは生地中の水分を吸収するので、洋酒漬けを使いましょう。リキュールなどの液体を入れる場合は、生地がやわらかくならないように小麦粉を少量追加します。溶かしたチョコレートを入れるなら、生地にマーブル状に混ぜてください。

こんなアレンジがおすすめ

クリームチーズ＋黒けしの実　ドライフルーツ　チョコレート

基本の生地④

シフォンケーキ生地

メレンゲの泡を利用して作るふんわりとした生地です。バターの入らない水分が多い生地なので、食感がしっとりとしています。

材料

(直径17cm・シフォン型)
※底が外れるタイプ

卵黄…60g
サラダ油…40ml
牛乳…80ml
バニラオイル…2～3滴
塩…ひとつまみ
薄力粉…90g
卵白…125g
グラニュー糖…70g

シフォンケーキ生地の基本の作り方

卵白でメレンゲを作り、生地に加えてさっくりと混ぜる。泡をつぶさずに混ぜることで、大きくふんわりとふくらむ。

卵を割る。殻に卵黄を残して卵白をボウルに落とし、卵白と卵黄を分ける。

薄力粉をこし器に入れ、紙の上にふるう。オーブンを160℃に予熱する。

卵黄を泡立て器で混ぜながら、サラダ油を少量ずつ加えていく。

さらに、牛乳を少量ずつ加えながら泡立て器でよく混ぜる。

牛乳がよく混ざったら、バニラオイルをたらして香りをつける。

塩を加える。泡立て器で全体がなめらかになるまで混ぜる。

ふるった薄力粉を加え、練らないようにゆっくり混ぜる。

泡立て器を大きく動かし、粉っぽさがなくなってなめらかになるまで混ぜる。

卵白にグラニュー糖を2回に分けて加え、ハンドミキサーで泡立てる。

角が立つメレンゲに仕上げたら生地に半量足し、混ぜてなじませる。

生地に残りのメレンゲをすべて加え、ゴムべらでさっくりと混ぜ合わせる。

全体にツヤが出て、なめらかなかたさになるまで混ぜればよい。

シフォン型の8分目まで生地を流し入れる。型にバターはぬらない。

生地作り成功のためのPoint

Point 1 薄力粉を混ぜるときは均一に

薄力粉を入れてからの混ぜる目安は、粉っぽさがなくなるまで。全体を泡立て器で円を描くように大きく混ぜてなめらかになったら混ぜ終わり。

生地の水分を薄力粉に吸収させるように中心から混ぜていくと少しずつなじんでいく。

Point 2 メレンゲをしっかりと泡立てる

卵白を泡立てて少し角が立ってきたころ、グラニュー糖を２回に分けて入れると、キメ細かくツヤのあるしっかりした泡を作れる。

少し泡立ったころにグラニュー糖を入れる。

ピンとした角が立つまで泡立てる。

Point 3 生地に混ぜるときはさっくりと

メレンゲの泡はしばらくおいたり、かたさの違う生地と混ぜたりするとつぶれやすい。生地と混ぜるときには、半量のメレンゲを入れてなじませるとよい。

半量のメレンゲがなじんだら、残りすべてを入れてゴムべらでさっくりと混ぜる。

Point 4 逆さにして冷ますと生地のふくらみを保てる

焼き上がってオーブンから取り出したら、型ごと逆さにしてしばらくおく。逆さにせずに冷ますと中の水蒸気が上にのぼって生地がしぼむ。型は完全に冷めてから外すこと。

型の中央を押さえて持ち上げ、布巾に軽く打ちつけ、空気を抜く。

型を天板にのせ、160℃のオーブンに入れて約35分焼く。

Point 4

焼き上がりはしぼまないよう、型をつけたまま逆さにして冷ます。

約30分冷ましたら側面を指で押して、型から少しずつ外していく。

側面の型が外れたら、底の型を両手でゆっくりと持ち上げ、生地を落とす。

内側の生地をくずさないようにゆっくりと底の型を持ち上げて外す。

全体がふんわりとやわらかく、型いっぱいの高さにふくらめばよい。

基本の生地⑤

パート・ブリゼ（タルト生地）

「ブリゼ」とは砕けるという意味で、ほろほろとくずれる食感が楽しめます。砂糖を入れないのでキッシュにも最適です。

材料

（直径16cm・タルト型）
※底が外れるタイプ

薄力粉…100g
バター…50g
卵黄…20g
塩…ひとつまみ
冷水…15ml

パート・ブリゼの基本の作り方

作る前に道具、材料、作業台などを冷やしておく。バターは冷たくかたい状態で薄力粉と混ぜ、生地は練らないこと。

バターは1cm角に切り、薄力粉はふるう。材料すべてを冷蔵庫で冷やす。

作業台に薄力粉を再度ふるい、バターをのせてスケッパーで切り混ぜる。

薄力粉とバターを手のひらでつぶしながらすり混ぜ、砂状にする。

生地を集め、中央から手で円を描くように穴をあけて土手を作る。

卵黄、塩、冷水を溶いて生地の中心に入れ、スケッパーで切り混ぜる。

粉が水分を吸ってきたら、スケッパーで集めて等分する。

片方の生地を持ち上げ、もう半分の生地にのせて重ねる。

上から手のひらで押さえてひとまとめにし、スケッパーで等分する。

同様に生地を等分して重ねて押す作業を数回、まとまるまでくり返す。

生地を丸くまとめ、ラップに包み、冷蔵庫に入れて約1時間休ませる。

作業台に打ち粉（強力粉・分量外）をし、生地を麺棒でのばす。

型よりひと回り大きくのばす。オーブンを180℃に予熱する。

余分な粉を落とし、生地を型の上にのせて型の内側に敷き込む。

型の上で麺棒を転がし、型からはみ出した生地を切り落とす。

内側の厚みが均一になるように、落とした生地で押して密着させる。

型の底にフォークを刺してピケし、冷蔵庫でしばらく冷やす。

オーブンシートと重しをのせ、180℃のオーブンで約15分焼く。

底生地に火が通ったらオーブンシートごと外し、さらに約10分焼く。

しばらくおいて冷ます。逆さにしたココットなどにのせ、型を外す。

全体に均一な焼き色がつき、厚みが均等に焼き上がればよい。

生地作り成功のためのPoint

Point 1 材料をすべて冷蔵庫で冷やす

かたいバターを生地に混ぜ込むので、ほかの材料の熱がバターに伝わって溶けないように冷蔵庫で冷やしておく。バターは切ってから冷やすとすぐに使える。

Point 2 バターがサラサラの状態になるまで

薄力粉とバターを混ぜるときは手の体温でバターが溶けないよう、はじめはスケッパーを使って切り混ぜる。そのあと、手のひらですり合わせて細かくする。

混ぜたとき全体が薄い黄色になって、砂状になればよい。バターが溶けそうなら冷蔵庫で再度冷やす。

Point 3 生地をまとめたら持ち上げてみる

生地に卵を加えたら、まとめていく。「半分に切って重ねては押さえる」という作業をくり返すと、層ができてサクサクのほろっとした生地に仕上がる。

持ってみてくずれなければよい。折れるようなら、重ねて押さえる作業をさらにくり返す。

こんな作り方もできます

フードプロセッサーを使って手早く作る

パート・ブリゼはバターが溶けないうちに、ほかの材料と混ぜることが大切です。冷やした材料とバターをフードプロセッサーにかけるとスピーディに混ぜられるので失敗なくサラサラにまとめられます。

基本の生地⑥

パート・シュクレ（タルト生地）

ねばり気が少なくサクッとした食感の一般的なタルト生地です。砂糖を使うので全体にきれいな焼き色がつきます。

材料
（直径22cm・タルト型）
※底が外れるタイプ

- バター…100g
- 粉砂糖…50g
- 塩…ひとつまみ
- 薄力粉…180g
- 卵…25g

パート・シュクレの基本の作り方

水分は卵だけなので、溶けやすい粉砂糖を使用する。空気を含ませて混ぜることで、ひび割れしにくい生地になる。

準備

バターは1cm角に切って室温におき、やわらかくする。卵は室温にもどす。

準備

薄力粉、粉砂糖、塩をそれぞれこし器に入れて紙の上にふるう。

バターを軽くほぐし、粉砂糖と塩を入れて泡立て器でよく混ぜる。

Point 1

白いクリーム状になったら溶いた卵を少量ずつ流し入れ、混ぜる。

卵がすべて混ざり乳化したら、薄力粉を一度にすべて加える。

ゴムべらで底からすくい、返すように混ぜて押さえ生地に粉をなじませる。

生地がまとまり、へらで持ち上げたときに落ちないかたさになればＯＫ。

ラップを広げ、中心にすべての生地をまとめて置き、包む。

ラップの上から手で軽く押さえて平らにし、空気を抜く。

バットに生地をのせ、冷蔵庫に入れて約1時間休ませる。

Point 2

軽くこねて丸め、作業台に打ち粉（強力粉・分量外）をし、円形にのばす。

型よりひと回り大きいサイズにのばす。型の上に生地をかぶせる。

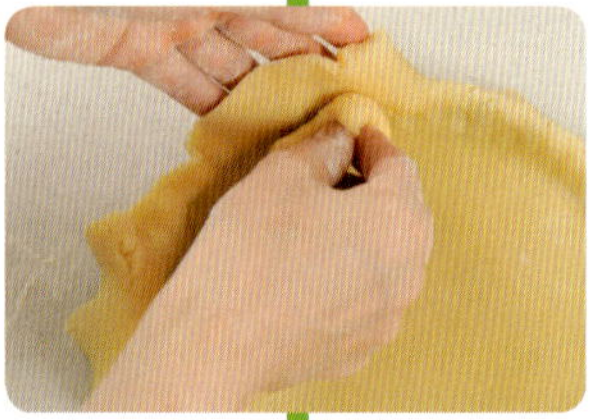

型に敷き込む。余った生地を丸めて型の内側を押し、型に密着させる。

生地作り成功のためのPoint

Point 1 バター、粉砂糖、卵は空気を含ませる

バターと粉砂糖は混ぜてブランシール（白っぽくする・46ページ参照）し、なじませる。冷たい卵を入れると自然と分離するので、室温にもどした卵を少しずつ混ぜてクリーム状にする。

溶き卵は数回に分けて入れ、その度に混ぜてなじませると分離しにくい。

Point 2 くずれやすいのでのばすときに注意

生地は冷やすとバターがかたくなるので、一度軽く練ってからのばすが、練りすぎないように注意。生地がやぶれないように、少しずつのばしていくとよい。

5秒ほど手で温めてからほぐすとよい。のばすときは作業台と生地に打ち粉をし、くっつきを防ぐ。

生地ののばし方をマスター

回しながら少しずつ広げていく

型のひと回り大きいサイズになるまでのばしていく。丸くのばすときには、生地を90°回転させながら少しずつ円を大きくする。いきなり薄くのばさないこと。

生地をのばしたら、余分な打ち粉を除く。型をおおうサイズになればよい。

型の上で麺棒を転がして余分な生地を切る。オーブンを180℃に予熱する。

型の底にフォークを刺して穴をあけてピケし、冷蔵庫でしばらく冷やす。

オーブンシートを生地の直径より少し長めに切り、生地に敷く。

重しを型いっぱいに敷き詰め、側面の生地がだれないよう端を押さえる。

180℃のオーブンに入れて約15分焼く。重しを外し、約10分焼く。

全体に焼き色がついたら型をつけたまま冷ましてから、型を外す。

型の形がくずれずにつき、全体の焼き色が均一になっていればよい。

基本の生地⑦

パート・フィユテ（折り込みパイ生地）

練り生地（デトランプ）でバターを包み、のばして作ります。繊細な層ができるのでパリパリとした食感に仕上がります。

材料

（300g分）

薄力粉…65g
強力粉…65g
バター…15g
水…70ml
塩…少々
バター（折り込み用）…100g

パート・フィユテの基本の作り方

練り生地（デトランプ）で、のばしたバターを完全に包むことが大切。作業中にバターが溶けないように注意を。

薄力粉と強力粉を合わせて粉ふるいに入れ、ボウルにふるう。

薄力粉と強力粉のボウルに室温にもどしたバター、塩、水を加えて混ぜる。

混ざったら作業台に出す。スケッパーと手のひらでまとめながら練る。

手のひらで台に押しつけるようにして生地をこね、全体をまとめる。

生地を丸めたら、手のひらのつけ根あたりでつぶすようにして奥へ押す。

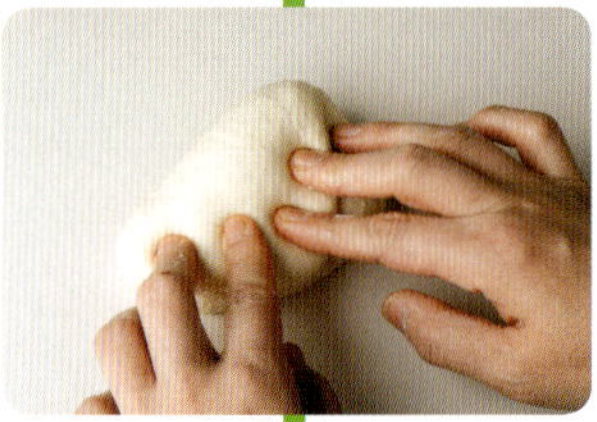

奥から手前に向かって生地をかぶせる。折りたたんだ半円部分を押す。

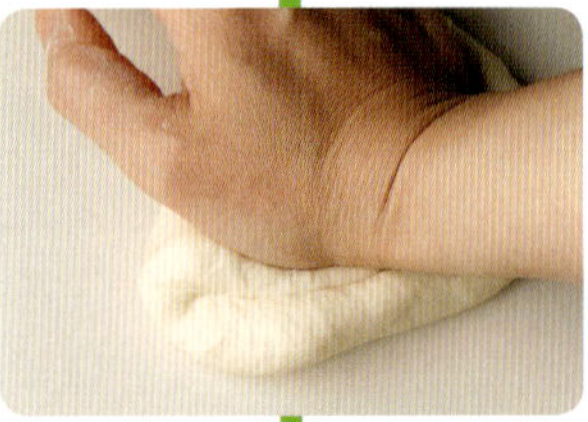

生地を時計回りに1/6回転させ、こねる作業を数十回くり返す。

生地がなめらかな状態になったら、球状にまとめる（デトランプ）。

生地の半分の深さまで、ナイフで十字に切り込みを入れる。

乾燥しないようにラップで包み、冷蔵庫に入れて約1時間休ませる。

冷たくかたいバター（折り込み用）をラップにはさみ、麺棒で軽くたたく。

おおよそ正方形になったらラップの上から麺棒を転がし1cm厚さにのばす。

12cm四方の正方形に成形する。曲げても折れないくらいのかたさがよい。

休ませた生地（デトランプ）を正方形にのばす。バターを中央にのせる。

デトランプとバターを密着させ、生地の四方を引っぱってバターを包む。

接続部分を指の腹でならしてなじませ、四辺をぴったりとかぶせる。

作業台に打ち粉（強力粉・分量外）をし、生地を約1cmの厚さにのばす。

縦45×横15cmの長方形になるように、生地を麺棒でのばす。

手前から⅓折り、奥からも同様に折って三つ折りする。90°向きをかえる。

同様にのばして三つ折りし、ラップをして冷蔵庫で約1時間休ませる。

「長方形にのばし三つ折りを2回＋休ませる」の作業を3セットくり返す。

3セット目は約30分休ませる。生地を作業台に出し、使う分を切り分ける。

生地をのばしてラップをし、約20分休ませる。オーブンを200℃に予熱する。

※作るお菓子に合わせてのばす

ラップを外し、200℃のオーブンに入れてレシピの指定時間焼く。

全体にきつね色になり、口に入れたときにパリッとした食感になるのが理想。

生地作り成功のためのPoint

Point 1 グルテンを休ませることが大切

デトランプ（練り生地）を練ると小麦粉に含まれるグルテン（弾力）が強まってのばすときに縮みやすくなるため、一度冷蔵庫に入れて休ませなければならない。

休ませる前に切り込みを入れておくと、のばすときに切り口を四方に広げて四角にできる。

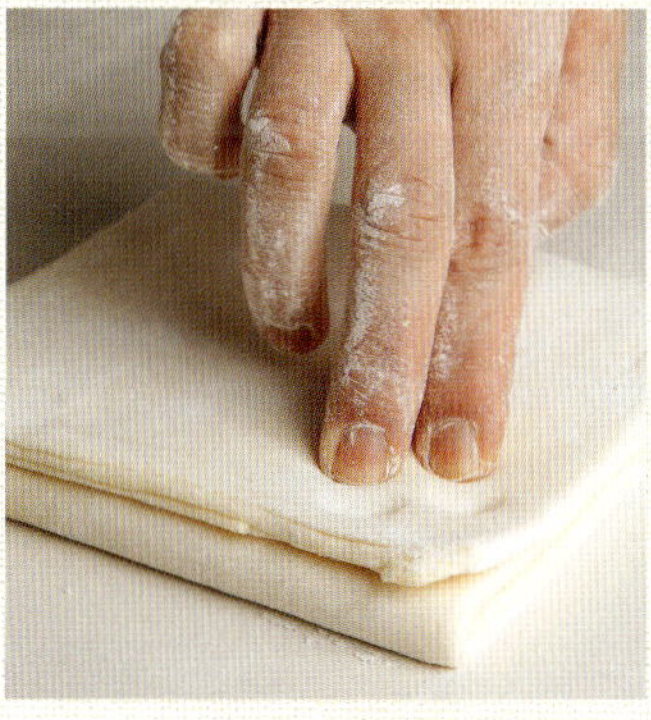

Point 2 折った回数を忘れない

のばしたバターをデトランプで包んだら、生地を折ってはのばし、90°向きをかえる作業をくり返す。冷蔵庫に入れる前に折った回数の印を指でつけておくとよい。

三つ折りを6回行うと計算上は729層だが実際は焼くときに壊れて約50層になる。抜き型で抜くときは、層をくずさないように切る。

基本の生地⑧

フィユタージュ・ラピッド（速成折り込みパイ生地）

「ラピッド」とは早いという意味で、折り込みパイ生地にくらべると短時間で作れます。バリッとかために仕上がるので、クリームをはさむお菓子に最適です。

材料

（300g分）

薄力粉…75g

強力粉…75g

バター…110g

冷水…75ml

塩…ひとつまみ

フィユタージュ・ラピッドの基本の作り方

ゴロゴロとしたかたまりのバターを生地中に混ぜる。混ぜるときには粉っぽさを残してまとめる程度にするとよい。

薄力粉と強力粉はふるう。材料を冷蔵庫で冷やす。バターは2cm角に切る。

作業台に薄力粉と強力粉を出して土手を作り、中心に切ったバターを置く。

バターを広げて中心にくぼみを作り、冷水と塩を混ぜたものを入れる。

スケッパー2枚を使い、バターをつぶさないようにざっくりと混ぜる。

バターが形をとどめ、粉っぽさが少し残る程度にまとまればよい。

まとめた生地を真上から手で押さえ、スケッパーで等分する。

等分した生地をもう片方の生地の上にのせて重ねる。

手のひらで上からしっかり押さえ、生地と生地とをくっつける。

同様に、等分しては重ねて押さえる作業を7〜8回くり返す。

生地の端を持ち上げてみて、くずれないかたさの正方形にまとめる。

作業台に打ち粉（強力粉・分量外）をし、麺棒で1cm厚さにのばす。

生地を麺棒で縦45×横15cmの長方形になるように徐々にのばす。

生地の手前を1/3折り、奥からも同様に折って合わせる。90°向きをかえる。

同様に、麺棒で長方形にのばして三つ折りする作業をくり返す。

乾燥しないようにラップで包み、冷蔵庫に入れて約1時間休ませる。

「長方形にのばし三つ折りする」作業を2回（1セット）くり返す。

2セットで終わらせ、使う分を切り分ける。

※作るお菓子に合わせてのばす

生地をのばしラップして約30分休ませる。オーブンを200℃に予熱する。

ラップを外し、200℃のオーブンに入れてレシピの指定時間焼く。

焼き色が濃く、折り込みパイ生地よりもサクッとしたかための食感に仕上がる。

生地作り成功のためのPoint

Point 1 まとめたときにバターが残っている

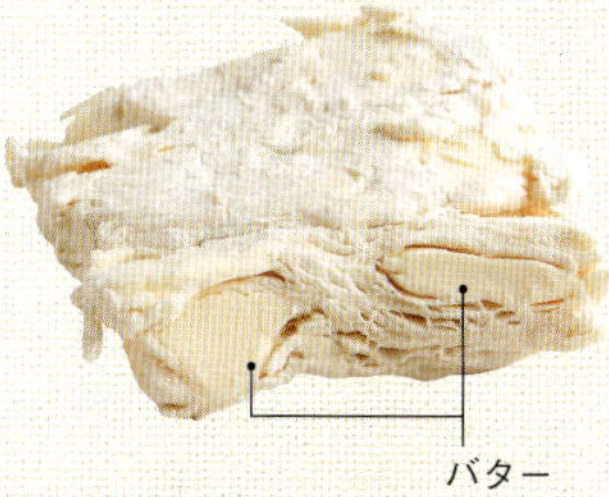

生地をまとめたときに、写真のようにバターが溶けずに形が残り、かたさがあるとよい。そのため、材料はあらかじめ冷やし、まとめる作業は手早く行う。

Point 2 生地を切るときはすぱんと切る

三つ折りする作業を2セット終えたら、使う分をナイフで切り分ける。このとき、ナイフを何度も動かして切ると層がくずれるので、1回で切る。

ナイフを前後に引いたりせず、すぱんと1回で切ること。

Point 3 作るお菓子によって生地の厚みを調節

ミルフイユのようにクリームをはさむ場合は、ふくらまないように穴をあけるピケが必要。焼くと蒸気が逃げる。ふくらみを出したい場合はピケをせずに焼く。

ピケした生地

生地の層がつまって厚みのない生地に仕上がる。

ピケしていない生地

バターが溶けた部分の生地に空洞ができ、ふくらんで厚みが出る。

冷凍パイシートの活用法

すぐにパイ菓子を作りたいときや、少しだけ生地を使うときは、冷凍の市販生地を使うのがおすすめ。原材料に油脂やマーガリンを使用したものでなく、バター使用のものを。

基本の生地⑨

パータ・シュー（シュー生地）

「シュー」とはフランス語でキャベツを意味します。シュークリームに使用するぷっくりとふくらむ生地です。

材料
（直径8cm・約16個）

- バター…60g
- 水…150ml
- 塩…2g
- 薄力粉…75g
- 卵…100g

パータ・シューの基本の作り方

たっぷりの卵と、火を通した薄力粉を混ぜて生地にする。混ぜてかたさを調節するのが重要。

卵は50℃の湯につけて温め、人肌になったらボウルに割り入れ、湯せんで溶く。

薄力粉をこし器に入れて、紙の上にふるう。

鍋にバター、水、塩を入れて中火にかける。

耐熱用のへらで軽く混ぜてバターを溶かし、液体を完全に沸とうさせる。

火を止め、薄力粉を加える。ダマができないよう、木べらで手早く混ぜる。

弱火にかけ、生地に火が通るよう、鍋底一面に生地を広げながら混ぜる。

生地にツヤが出て、底に薄い膜がはるくらいになったら火を止める。

かた絞りの布巾の上にボウルを置く。ボウルに生地をすべて移す。

溶いた卵を半量加える。木べらで切るように混ぜ、全体を乳化させる。

残りの半量も加え、小さなかたまりがなめらかになるまで混ぜる。

持ち上げたときに、生地が逆三角形に残るくらいのかたさになればよい。

直径1cm丸型の口金を絞り出し袋につける。オーブンを200℃に予熱する。

絞り出し袋の口を広げ、生地が温かいうちに袋に入れる。

直径3cm丸型の抜き型に薄力粉（分量外）をつけ、絞る位置の印をつける。

絞り出し袋をまっすぐ立てて持ち、印の中心に浅いドーム状に絞る。

はけで生地の表面に軽く水（分量外）をぬり、生地の表面を湿らせる。

200℃のオーブンで約8分焼く。扉をあけずに180℃に温度を下げ約20分焼く。

しっかりとふくらんで表面にきれいな割れ目ができ、溝に色がつけばよい。

軍手をし、生地が熱いうちにシューを網の上に移して冷ます。

均一にふくらみ、割れ目にもしっかりと焼き色がついたものが理想。

生地作り成功のためのPoint

Point 1 薄力粉に火を通す

熱したバター液に薄力粉を入れたらすぐに混ぜなければダマになる。薄力粉を入れたら粉っぽさがなくなるまで混ぜ、生地をまとめる。

へらで生地をすくったときに、逆三角形の形ができてすぐに落ちなければ、よく混ざった証拠。

Point 2 逆三角形ができるまで混ぜる

溶いた卵を入れたら、ツヤが出てくるまで全体を混ぜる。持ち上げたときに約3秒してから落ち、逆三角形に形をとどめればOK。

だらりと流れる、ぼとっと落ちる生地はふくらまない。

Point 3 シューの形を整える

絞った生地の先端が突起していたり、高さがあったりするとふくらんだときに先端が焦げる。水でぬらしたあと、フォークで軽く押さえ先端をつぶすとよい。

こんな失敗していませんか？

シュー生地特有のきれいなふくらみを出すのは難しいもの。一度ふくらんだのにすぐしぼんでしまうということもあるので、細かな作業を怠らないように。

ぺったんこ

原因は…
薄力粉を加えたあとに加熱しすぎて、かたくなった。

小さくカチカチ

原因は…
バターが沸とうしていなかったため小麦粉が糊化しなかった。

空洞がない

原因は…
沸とうしたバター液に薄力粉を入れたあと加熱が不足した。

基本の生地⑩

クレープ生地

しっとりやわらかな生地です。フライパンに生地を均一に薄く広げたら、1枚1枚を端までしっかりと焼くようにしましょう。

材料
（直径18cm・約15枚）

バター…20g
薄力粉…120g
グラニュー糖…40g
塩…ひとつまみ
卵…120g
牛乳…360ml

クレープ生地の基本の作り方

生地を裏返すタイミングは端のほうが茶色くなるころ。フライパンをぬれ布巾で冷ますときれいな焼き色になる。

フライパンにバターを熱する。色づいたらぬれ布巾の上で冷ます。

ボウルに薄力粉、グラニュー糖、塩を入れて混ぜ、溶いた卵を入れ混ぜる。

しっかりと混ぜたら熱して粗熱をとったバターを加え、泡立て器で混ぜる。

牛乳を$\frac{1}{3}$量加え、泡立て器で生地を溶きのばすように混ぜる。

残りの牛乳を加えてよく混ぜる。生地をシノワに通してこす。

ペーパーでフライパンにバター（分量外）をぬる。中火にかけ、生地を流す。

生地のまわりに焼き色がついてきたら、裏返して約5秒焼く。

フライパンごと盆ざるに裏返し、生地を出す。布巾をかけて冷ます。

生地が平らな円に均一に広がって、きれいな焼き色がついていればOK。

生地作り成功のためのPoint

Point 1 端が色づいてきたら裏返すタイミング

生地表面がぷくぷくと浮いてきたら火が通ってきた証拠。焼きムラがあるようならフライパンをずらして火のあたりを調節するとよい。

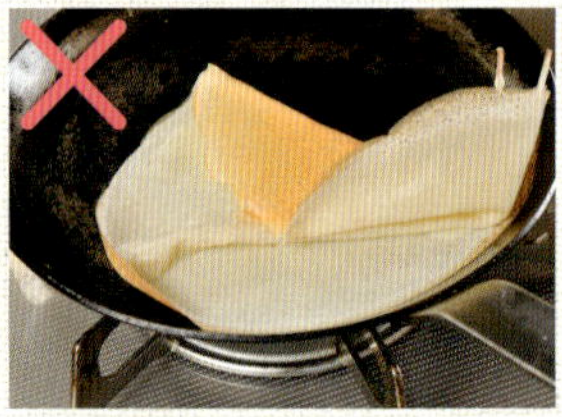

Point 2 焦らず丁寧に焼く

生地を流すときや、裏返すときにあわてると、生地がよれたり、形が悪くなったりなどの失敗に。すぐに火が通る生地なので、目を離さないように。

基本の生地⑪
クッキー生地①

型抜きクッキー生地

バターの風味が強く、サクッとした食感の生地です。型は好みの形を使い、自由にアレンジを楽しんでください。

材料
（約20個）

バター…100g
粉砂糖…80g
卵…40g
薄力粉…200g

型抜きクッキー生地の基本の作り方

生地を混ぜるときは空気を含ませること。型で抜くときはバターが溶けないうちに手早く行うのがコツ。

こし器に薄力粉を入れて紙の上にふるう。バターと卵を室温にもどす。

ボウルにバターと粉砂糖を入れ、泡立て器ですり混ぜる。

白っぽくなったら溶いた卵を加えて全体をよく混ぜる。

薄力粉を加え、ゴムべらを押しつけるようにさっくりと混ぜ合わせる。

粉っぽさがなくなったら生地をひとまとめにし、ポリ袋に入れる。

麺棒で縦20×横25㎝にのばす。冷蔵庫で約30分休ませる。

オーブンを170℃に予熱する。作業台に生地を出し、好みの型で抜く。

オーブンシートを敷いた天板に生地を並べ、170℃のオーブンで約18分焼く。

生地を網に移してしばらく冷ます。サクッとした食感に仕上がればよい。

生地作り成功のためのPoint

Point 1 薄力粉を加えたら練らないようにする

薄力粉のグルテン（130ページ参照）のはたらきを弱めるため、練らない。薄力粉が全体になじむまで混ぜるだけでよい。

Point 2 ポリ袋に包んでから休ませる

生地の乾燥を防ぐためにポリ袋に入れる。休ませる前にポリ袋の上から麺棒を転がしてのばしておくと、冷えた状態のまま型をきれいに抜ける。

基本の生地⑪
クッキー生地②

アイスボックスクッキー生地

定番のクッキー生地と色をつけた生地を作り、色を組み合わせて模様を作ります。

材料

（約25枚）

バター…120g
粉砂糖…60g
卵黄…20g
薄力粉…90g
ココア生地
┌薄力粉…80g
└ココアパウダー…10g

アイスボックスクッキー生地の基本の作り方

バターの分量が多く、生地がやわらかいため、一度冷やしてからカットして成形を行う。

粉類（ココアパウダーも含む）をふるう。バターは室温にもどす。

バターと粉砂糖を白くなるまで混ぜる。卵黄を加え、よく混ぜる。

生地を等分し、片方の生地に薄力粉90gを加える。残りは室温においておく。

まとまる程度にゴムべらで混ぜる。粉っぽさがなくなればよい。

ポリ袋に生地を入れて5㎜厚さ、縦13×横17㎝にのばす。

残りの生地にココアパウダーと薄力粉を加え、ココア生地を作りのばす。

※成形の仕方（104ページ参照）

オーブンを180℃に予熱する。生地を重ねて巻く。冷蔵庫で約30分休ませる。

1㎝幅に切り、天板に並べて180℃のオーブンで約18分焼き、冷ます。

表面にうっすら焼き色がつき、ひびや空洞がなく、中まで火が通ればよい。

生地作り成功のためのPoint

Point 1
ココア生地は粉類を混ぜてからふるう

ココア生地にするために使うココアパウダーは薄力粉にくらべて粒が大きい。薄力粉と混ぜてからふるうと粒の大きさがそろい、均一に混ざる。

Point 2
巻くときにはスケッパーで押さえる

２種類の生地が密着するように、ポリ袋（開いたもの）を引っぱり、スケッパーで押さえながら成形すると、焼いたときに空洞やひびが入るのを防げる。

基本の生地⑪
クッキー生地③

絞り出しクッキー生地

卵白の水分が入るので、生地がやわらかく、絞り出すことができます。発酵バターを使うと風味がよくなります。

材料

（約25枚）

- バター…150g
- 塩…ひとつまみ
- バニラのさや…$\frac{1}{4}$本
- 粉砂糖…60g
- バニラオイル…2～3滴
- 卵白…25g
- 薄力粉…170g

絞り出しクッキー生地の基本の作り方

バターと粉砂糖を混ぜるときには、ブランシール（白っぽくなる）することで空気を含み、サクッと仕上がる。

薄力粉をこし器に入れてふるう。バターは室温にもどす。

バターを白っぽくなるまで泡立て器で混ぜる。塩を加え、さらに混ぜる。

バニラのさやは割いて種をこそげ出す。種だけをバターに混ぜる。

粉砂糖は3回に分けて加え、空気を含ませるようにしながらよく混ぜる。

バニラオイル、溶いた卵白を順に加え、さらによく混ぜる。

薄力粉を加えてゴムべらで混ぜる。オーブンを180℃に予熱する。

オーブンシートを敷いた天板に直径1cm星型の口金で好みの形を絞り出す。

ドレンチェリーやナッツなどを飾り、180℃のオーブンで約18分焼く。

絞り出した形がくずれず残り、全体に焼き色がついて火が通ればよい。

生地作り成功のためのPoint

Point 1 **生地はすべて絞り出す**

絞り出し袋に生地を入れたら、早めに絞りきって焼くこと。残ったからと冷蔵庫に入れると生地が冷えてバターがかたくなり、絞りにくくなる。

Point 2 **間隔をあけて並べる**

生地と生地の間は指1～2本が入る程度離して絞り出す。生地の側面にもしっかりと熱が通り、焼き色が均一にきれいにつく。

定番クリームの作り方をマスター

クリーム・メレンゲの基本

ホイップクリームやメレンゲなどの口溶けのよさは、
お菓子の仕上がりを左右します。

とろりとしたやわらかなクリーム

バタークリームのベースにしたり、生地に混ぜたりと、お菓子の味にアクセントを与えます。ぱさつく食感のお菓子に添えてもOK。

火にかける場合は焦がして風味を損なわないように。

絞れるかたさのあるクリーム

ケーキにぬったり、絞り出したりするのに使うことができます。メレンゲは絞って焼くとマカロンなどのお菓子ができます。

高温におくとだれて絞れなくなるので適温を守る。

生地とクリームは切り離せない関係

お菓子の定番クリームといえばホイップクリームとカスタードクリームでしょう。この2大クリームは、そのまま食べても風味豊かですし、ココアパウダーなどの副材料を足すなどアレンジの幅も広いので、正しい作り方を覚えておきたいものです。

定番のホイップクリームに使う生クリームは動物性脂肪35％以上の新鮮なものがおすすめです。カスタードクリームは傷みやすいので、しっかり火を入れ、手早く冷まして作りましょう。

また、お菓子のおいしさをより引き立てる存在なのが、アングレーズソースやアーモンドクリームです。アングレーズソースはカスタードクリームの小麦粉が入らない状態のもので、ババロアやムース、アイスクリームのベースに使用します。アーモンドクリームは主にタルト生地やパイ生地と組み合わせて焼くのに用いられます。

濃厚なバタークリームはしっかりとしたかたさがあるので、デコレーションにピッタリです。色素を混ぜるとカップスイーツなどにも活躍します。

基本のクリーム①

ホイップクリーム（クレーム・シャンティイ）

生クリームを使ったデコレーションに欠かせないふわふわのクリームです。用途に合わせてかたさをかえられます。

材料

（約275g）

生クリーム…250g

グラニュー糖…25g

ホイップクリームの基本の作り方

生クリームは高温に弱いので、常に5℃以下の状態を保って保存し、泡立てる際は氷水をあてて作る。

氷水を入れたボウルに、ボウルを重ねて冷やし、生クリームを入れる。

ボウルの下に布巾を敷く。グラニュー糖を一度にすべて加える。

ボウルを手前に傾けながら、ハンドミキサーの中速で泡立てる。

泡が立ち、かたさが出てきたら泡立て器に持ちかえる。

左記を参考に、使う用途に合わせて泡立ちの加減を調節する。

適切なかたさになったら、使う直前まで冷蔵庫で冷やしておくとよい。

仕上げの立て方

6分立て

なめらかなクリーム状。ムース生地などに。

7分立て

ゆっくり落ちる。ケーキにぬるときに使う。

8分立て

やわらかな角が立つ。絞るのに使う。

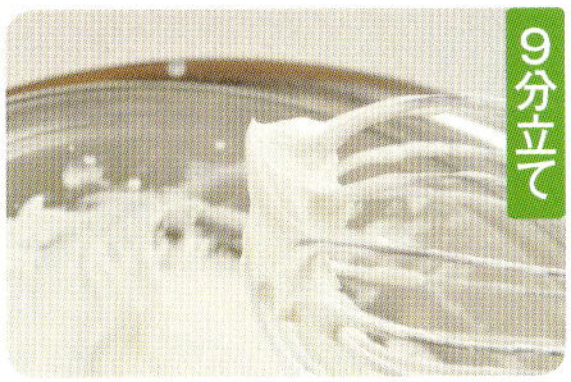

9分立て

角が立つ。カスタードクリームと混ぜるのに。

クリーム作り成功のためのPoint

Point 1 泡立てすぎや高温で分離が起こる

生クリームは室温にさらされたり、泡立てすぎたりすると分離し、黄色くぼそぼそとした状態になる。あとから冷やしてもなめらかな状態にはもどらないので常に冷やすこと。

基本のクリーム②

カスタードクリーム（クレーム・パティシエール）

「菓子職人のクリーム」という意味のクリーム。卵黄とバニラからただよう、甘い風味が魅力です。

カスタードクリームの基本の作り方

火を通すときは、薄力粉に完全に火が通り、粉っぽさが抜けるようにする。焦がすと風味が悪くなるので火力に注意。

鍋は水にくぐらせる。薄力粉はふるう。バニラのさやから種をこそげ出す。

鍋に牛乳とバニラのさやと種を入れ、弱火で沸とう直前まで温める。

ボウルに卵黄とグラニュー糖を入れて混ぜ、さらに薄力粉を入れて混ぜる。

よく混ざったら温めた牛乳を少量ずつ加えていく。

泡立て器で溶きのばすようにしっかりと混ぜ合わせ、牛乳をすべて移す。

シノワでこして鍋に移す。混ぜながら中火にかけ、濃度がでたら弱火にする。

軽く沸とうしたら、さらに約1分加熱し、薄力粉に完全に火を通す。

ボウルに移し、ラップを密着させる。氷水を入れたボウルにあてて冷やす。

とろりとしたかたさで、ツヤがあるクリームに仕上がればよい。

クリーム作り成功のためのpoint

Point 1　バニラはさやを除き種は液体に移す

バニラ独特の甘い芳香をクリームに十分移すのが重要となる。こすときにはバニラのさやを上から押して香りを移す。種は液体に残す。

Point 2　完成後はラップを生地に密着させる

冷やすときのラップがふんわりだと、クリームの熱が蒸発してラップに水滴がつく。水滴が落ちるとクリームが水っぽくなる。ボウル内の空気も冷えない。

材料

（約325g）

- 牛乳…250ml
- バニラのさや…$\frac{1}{4}$本
- 卵黄…60g
- グラニュー糖…75g
- 薄力粉…25g

基本のクリーム③

アングレーズソース

カスタード風味の芳醇なソースです。お菓子にかけて食べると上品な味わいになります。

アングレーズソースの基本の作り方

卵黄とグラニュー糖を混ぜ、温めた牛乳と合わせる。83～84℃に熱して卵黄に火を通し、ダマができないように作る。

材料

（約300g）

牛乳…250ml
バニラのさや…$\frac{1}{2}$本
卵黄…40g
グラニュー糖…60g

鍋に牛乳と割いたバニラのさやを入れ、温める。卵黄とグラニュー糖は混ぜる。

温めた牛乳を混ぜた卵黄とグラニュー糖に合わせ、鍋に入れて中火で熱する。

混ぜながら83～84℃まで温め、卵黄に火が通って濃度がついたらこして冷ます。

沸とうさせるとぼそぼそになるので注意。とろりとした濃度がつけばよい。

基本のクリーム④

アーモンドクリーム

コクのあるアーモンドが凝縮されたクリーム。タルトやパイの詰め物にして焼く使い方が一般的です。

アーモンドクリームの基本の作り方

バターをやわらかい状態にしてから作業する。卵が冷たいとバターが分離するので、その場合は湯せんにかけるとよい。

材料

（約200g）

バター…50g
グラニュー糖…50g
卵…50g
アーモンドパウダー…50g

室温にもどしたバターにグラニュー糖を数回に分けて入れ、すり混ぜる。

室温においた卵を溶き、少量ずつ加えながら混ぜて乳化させる。

全体に卵が混ざったら、アーモンドパウダーを入れてさらに混ぜる。

卵のダマがなくなり、なめらかに混ざればよい。

クリームの基本⑤

バタークリーム

バターをたっぷり使った風味豊かなクリームです。口に入れると、とろけるような食感があります。

Ⓐ Ⓑ Ⓒ

Ⓐ アングレーズ式 バタークリームの作り方

バターにやわらかいアングレーズソースを混ぜたまろやかなクリーム。

材料（約475g）

バター…175g
アングレーズソース…300g
（77ページ参照）

バターは室温にもどして混ぜ、アングレーズソースを少量入れる。

泡立て器で混ぜ、さらに少量入れて混ぜる作業をくり返し、なじませる。

Ⓑ パータ・ボンブ式 バタークリームの作り方

卵黄とシロップに火入れした「パータ・ボンブ」にバターを混ぜる。コクがある。

材料（約365g）

卵黄…60g　グラニュー糖…90g
水…30ml　バター…225g

卵黄、水、グラニュー糖を混ぜて泡立てながら、90℃の湯せんにかける。

卵黄に火が通ったら冷ます。室温にもどしたバターと混ぜ、なじませる。

Ⓒ イタリアンメレンゲ式 バタークリームの作り方

イタリアンメレンゲにバターを混ぜたクリーム。保形性がよく、デコレーションにも向く。

材料（約375g）

卵白…50g　グラニュー糖…10g
バター…225g
シロップ［グラニュー糖…90g
　　　　　水…30ml

卵白にグラニュー糖を加えて泡立ててメレンゲを作る。

シロップ用のグラニュー糖と水を117℃に温める。メレンゲに加えて混ぜる。

混ぜながら温度を室温に下げ、室温にもどしたバターを加える。

全体がなじむまで泡立て器でしっかりと混ぜる。

メレンゲ①

フランス式メレンゲ

スフレなどお菓子作りによく使われるメレンゲです。塩を加えることでよりしっかりとした泡に仕上がります。

材料
(約285g)

卵白…160g

塩…ひとつまみ

グラニュー糖…125g

フランス式メレンゲの基本の作り方

卵白を泡立てただけではすぐに泡がしぼむので、グラニュー糖や塩を加えて安定させて作る。

ボウルに卵白と塩を入れる。ハンドミキサーで卵白を泡立てる。

少し泡立ったら1/3量のグラニュー糖を加えてさらに泡立てる。

全体の泡が小さくなるまで泡立ったらグラニュー糖を1/3量入れる。

さらに角ができたら残りのグラニュー糖を加え、同様に泡立てる。

グラニュー糖を完全に溶かすまでしっかりと泡立てる。

角がピンと立ち、泡が倒れたり動いたりしないかたさに仕上げる。

泡を持ち上げるとふんわりと軽く、細かい気泡が見える状態がよい。

メレンゲ作り成功のためのPoint

Point 1 卵白の温度をしっかりと管理する

卵白は冷蔵庫から出したての冷たい状態のものを使ったほうがキメ細かな泡立ちになる。または、氷水にあてて冷やしながら泡立ててもよい。

卵白は泡立てる前にほぐしてから使う。カラザ(白いかたまりのような部分)は取り除く。

Point 泡立て器を使って泡立てるなら

ボウルの下にぬれ布巾を敷いて固定し、泡立て器を利き手で持つ。ボウルをななめ20～30°に傾ける。泡立て器は大きく動かして泡立てる。

手が疲れてきたら、泡立て器をもう片方の手に持ちかえるとよい。

メレンゲ②

イタリアンメレンゲ

卵白でメレンゲを作り、そこに熱いシロップを加えて火を通します。キメ細かくピンとした泡が理想の仕上がりです。

材料
(約280g)

メレンゲ
- 卵白…100g
- グラニュー糖…30g

シロップ
- グラニュー糖…170g
- 水…50ml

イタリアンメレンゲの作り方

卵白を軽く角が立つ程度に泡立ててからグラニュー糖を加えてメレンゲを作る。卵白は室温にもどしてから使うこと。

鍋に水とシロップ用のグラニュー糖を入れて強火にかける。

温度計ではかり、110℃近くになったら弱火にし、117℃まで熱する。

ボウルに卵白を入れ、ハンドミキサーで軽く角が立つまで泡立てる。

メレンゲ用のグラニュー糖を加えたら、さらに角が立つまで泡立てる。

117℃のシロップを一気にメレンゲに加え、全体に均一に火を通す。

ツヤが出て、持ち上げたときにもったりと落ちるかたさになればよい。

泡を持ち上げると小さな山のように形が残る、角が立った状態が理想。

メレンゲ作り成功のためのPoint

Point 1 シロップの温度をしっかりと確認する

温度計がないなら…
氷水を用意し、少量のシロップを入れる。

115～118℃

親指と人さし指で引っぱると糸を引く。

120℃以上

指先でさわると丸まって玉のようになる。

Point 2 持ち上げたときもったりするまで

泡立ちの仕上がりは表面にツヤがあり、泡を持ち上げたときにもったりとして、ぼとっと落ちる状態になればよい。

泡立て器の動きに合わせて跡がつくようになってくると、「角が立つ」状態まではあと少し。

第4章

デコレーションとラッピングの基本

自由に楽しめる、でもその中にはルールが必要です

ケーキのデコレーション

お菓子作りの最終段階で、最も楽しい作業です。クリームの絞り方など、美しく仕上げるためのポイントを覚えましょう。

クリームや果物を飾って ケーキを美しく仕上げましょう

ケーキの盛りつけに絶対的な決まりはありません。だからといって、何も考えずにデコレーションをしても、うまく仕上がらないでしょう。とくに、人へのプレゼントやもてなしのケーキなら、美しい仕上がりにしたいものです。基本的にケーキのデコレーションには、次の3つの要素が必要です。

①色は3～4色にまとめます。絞るクリームの色、並べる果物の色などはなるべく同系色を組み合わせて2色までにし、トッピングとしてハーブの緑色など、鮮やかな色を足すと華やかになります。

②色の配置を決め、使う色をケーキのどこにおくかを考えます。全体に散りばめる、薄い色と濃い色を交互に並べる、同じ色を1か所にかためる、1色だけを多くしてほかの色は少ししか使わない……など、色の配置を決めたら、紙にデッサンするとイメージがわきやすくなります。

③クリームや果物には「ベストな状態」があります。絞り出すクリームはある程度のかたさがないと口金の模様がつきません。ホイップクリームなら8分立てにし、氷水にあてて冷たい状態を保ちながら絞ります。また、果物は水気があるとクリームがだれるので、ペーパータオルで、しっかりふき取ってからのせます。

ノープランでクリームを絞ると間隔やバランスが悪くなり、失敗します。全体の完成図を思い描いてから作業にかかりましょう。

ケーキのデコレーション

ショートケーキ 基本の組み立て方

定番ケーキの組み立て方がわかると、これをふまえてアレンジができます。作業中の細かな気配りも覚えておくと、見た目と味の両方でよりよい仕上がりになるでしょう。

デコレーションの基本の流れ

1 果物をはさむ

生地と生地の間にクリームや果物をはさむ場合は、生地の厚みを等分にする。中心部分には果物を置かず、クリームで埋める。

どうすればきれいにはさめるの？

アンビベ

生地に洋酒入りシロップを含ませると表面が湿り、クリームがぬりやすい。

アンビベした生地にクリームをぬり、中心を避けて果物を並べ、さらにクリームをぬる。

2 クリームをぬる

パレットナイフでクリームを生地全体に均一に広げる。一度、すくなめのクリームで「下ぬり」し、冷やし固めてから「本ぬり」をする。

どうすればきれいにぬれるの？

回転台を回しながら、はみ出したクリームを側面にぬる。ナイフは生地に沿わせること。

生地を重ね、手のひらで上から軽く押さえて厚みを平らにしてからクリームをぬる。

3 クリームを絞る

8分立てのクリームをだれないうちに絞る。絞り出すときの手の力は一定に、手の熱で温まらないよう、ふれる部分をすくなく持つ。

ケーキの上面を飾る前にパレットナイフで切り分ける目安の線をつける。均一に飾れ、等分に切りやすい。

4 果物を飾る

果物は切り口の水気をペーパータオルでふき取ってからのせる。大きさの違う果物を盛るなら、大きいもの、小さいものの順に飾る。

どうすればきれいに飾れるの？

果物に水気があるとクリームがだれるので、しっかりと水気をふいておくこと。

クリームは好みの口金で自由に絞ってよいが、切り分けることを考えて等間隔で飾る。

完成

生地とクリームの組み合わせ

クリームはホイップクリームなどをベースに、何通りにもアレンジ可能です。生地の味わいに合わせて、はさんだり、ぬったり、絞ったりと工夫してみてください。

基本の生地

パータ・ジェノワーズ（共立て法）

材料（直径15cm・セルクルの場合）

卵…100g
グラニュー糖…60g
薄力粉…60g
バター…20g

※詳しい作り方は52ページ参照

基本のクリーム

①ホイップクリーム

材料（作りやすい分量）

生クリーム…250g　グラニュー糖…25g

※詳しい作り方は75ページ参照

②バタークリーム

アングレーズソース式バタークリーム
パータ・ボンブ式バタークリーム
イタリアンメレンゲ式バタークリーム
3つのうち好みのバタークリームを使用

※詳しい作り方は78ページ参照

いちご生地 × ブルーベリークリーム

作りやすい分量

パータ・ジェノワーズ
…1台分
（ただし、グラニュー糖は40g）
いちごジャム…20g

作り方

生地にいちごジャムを混ぜてオーブンで焼く。

作りやすい分量

ホイップクリーム…50g
ブルーベリージャム…15g

作り方

ブルーベリージャムとホイップクリームを混ぜる。

ホイップクリームベース

ピスタチオ生地 × マロンクリーム

作りやすい分量

パータ・ジェノワーズ
…1台分
ピスタチオ…大さじ2

作り方

生地に刻んだピスタチオを混ぜてオーブンで焼く。

作りやすい分量

ホイップクリーム…50g
栗の甘露煮…3個

作り方

栗の甘露煮は細かく刻んで、ホイップクリームと混ぜる。

ホイップクリームベース

オリーブ生地 × トマトクリーム

作りやすい分量

パータ・ジェノワーズ
…1台分
（ただし、バターはなし）
ブラックオリーブ…15g

作り方

生地に刻んだブラックオリーブを混ぜてオーブンで焼く。

作りやすい分量

ホイップクリーム…50g
ドライトマト…3g

作り方

ドライトマトは細かく刻み、ホイップクリームと混ぜる。

ホイップクリームベース

クリームと生地 配色の考え方

生地とクリームを同系色にする、または濃いココア生地に真っ白なホイップクリームを合わせるなど、アレンジは無限です。果物を飾る場合は、その色も考慮しましょう。

ロールケーキの配色展開

基本のロール

薄い黄色の生地がホイップクリームの白さを際立たせている。

↓

パターン1

定番生地とあんこクリーム。粒がアクセントに。

パターン2

ほうれん草の生地とかぼちゃクリーム。

パターン3

ココア生地とマスカルポーネクリーム。

サフラン生地 × グレナデンクリーム

作りやすい分量

パータ・ジェノワーズ…1台分
サフラン…少々
(サフランパウダーの場合は小さじ$\frac{1}{3}$)

作り方

サフランは乾炒りして粉末にし、生地に混ぜてオーブンで焼く。

作りやすい分量

ホイップクリーム…50g
グレナデンシロップ…10g

作り方

グレナデンシロップとホイップクリームを混ぜる。

ホイップクリームベース

紅茶生地 × あんこクリーム

作りやすい分量

パータ・ジェノワーズ…1台分
紅茶パウダー…小さじ1

作り方

生地に紅茶パウダーを混ぜてオーブンで焼く。(紅茶の茶葉をすりつぶして使ってもよい)

作りやすい分量

ホイップクリーム…50g、あんこ…20g

作り方

あんことホイップクリームを混ぜる。

ホイップクリームベース

ココア生地 × キルシュクリーム

作りやすい分量

パータ・ジェノワーズ…1台分
(ただし、薄力粉は50g)
ココアパウダー…10g

作り方

生地にココアパウダーを混ぜてオーブンで焼く。

作りやすい分量

バタークリーム…50g
キルシュ酒…10g
(171ページ参照)

作り方

キルシュ酒とバタークリームを混ぜる。

バタークリームベース

抹茶生地 × 甘納豆クリーム

作りやすい分量

パータ・ジェノワーズ…1台分
(ただし、薄力粉は50g)
抹茶パウダー…10g

作り方

生地に抹茶パウダーを混ぜてオーブンで焼く。

作りやすい分量

バタークリーム…50g
甘納豆…15g

作り方

甘納豆は細かく刻み、バタークリームと混ぜる。

バタークリームベース

ケーキのデコレーション

クリームのぬり方と絞り方

平らに均等にぬり広げます

基本のぬり方を覚えたら遊び心を取り入れてみましょう

側面は…

回転台にパレットナイフをあてながら生地に沿わせて回し、2～3㎜の厚さにぬる。

表面は…

パレットナイフは人さし指と親指ではさむように持ち、生地をなでるようにぬる。

「本ぬり」は生地が隠れるように

生地全体をクリームで包むようにぬる。パレットナイフの柄は短く持ち、1～2回でなでるようにぬる。何度もぬり直すと見た目が悪くなるので注意。

表面に模様をつけてみましょう

波模様

ぬり方 point

三角コームのギザギザ部分をあて、波打つように軽く曲線をつけて線を引く。

はりねずみ模様

ぬり方 point

パレットナイフで表面を軽くたたくようにあて、クリームを無造作に立たせる。

放射模様

ぬり方 point

パレットナイフの刃の側面を使い、中心から端に線の跡を一周つける。

マーガレット模様

ぬり方 point

パレットナイフの先で端から中心にカーブを描いて動かし、一周くり返す。

ケーキにぬるときのホイップクリームは少しやわらかい7分立てのほうが広げやすいです。絞るときのクリームは形をしっかり保てるように8分立てにします。

絞り方の基本はこの2パターン

クリームを高く絞るとケーキに立体感が出て、華やかさが増します

点に絞る

点を離して絞る

クリームを出したら口金を上に上げる。少しすき間をあけて、同様の形に絞り出す。

点をつなげて絞る

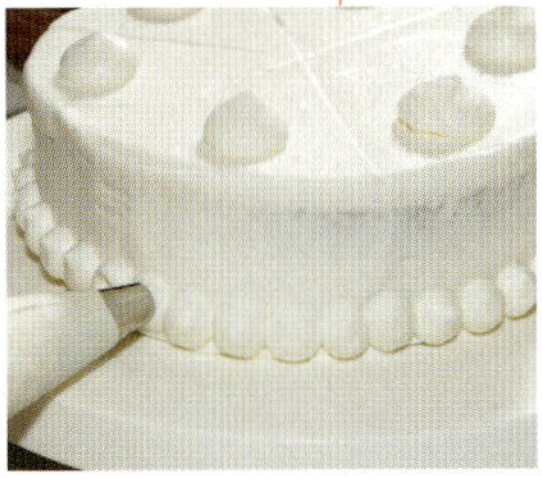

クリームを出したら口金を上にあげる。そのすぐ左右に同様にして絞る。

線に絞る

クリームを一定の力でまっすぐ絞る。または、波打つように上下に動かしながら絞る。

同じ口金でもさまざまな模様に！

丸型

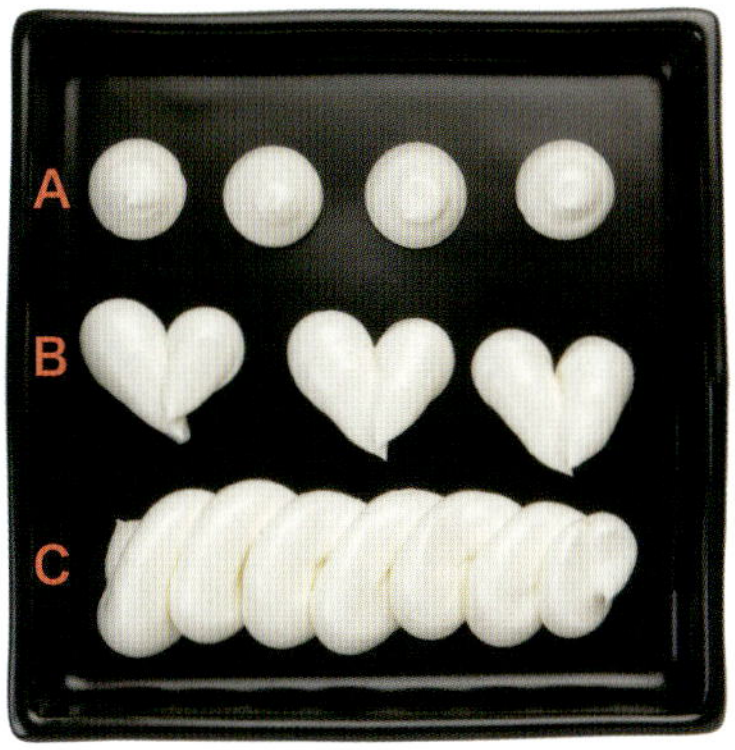

まっすぐだと

Ⓐ点に絞ったもの。ふくらみを残すように絞る。Ⓑ点を少し下にのばして絞りハートになるようにもうひとつ絞る。Ⓒ円を描くように上下に動かし線に絞る。

まずは絞り方をおさらい

クリームのかたさ

8分立てのクリームで、絞ったときに形を維持できるかたさ。やわらかいとだれるので注意。

絞る力

袋の上を持つ手で軽く押し、クリームの出る量を調節する。絞るときは一定の力。

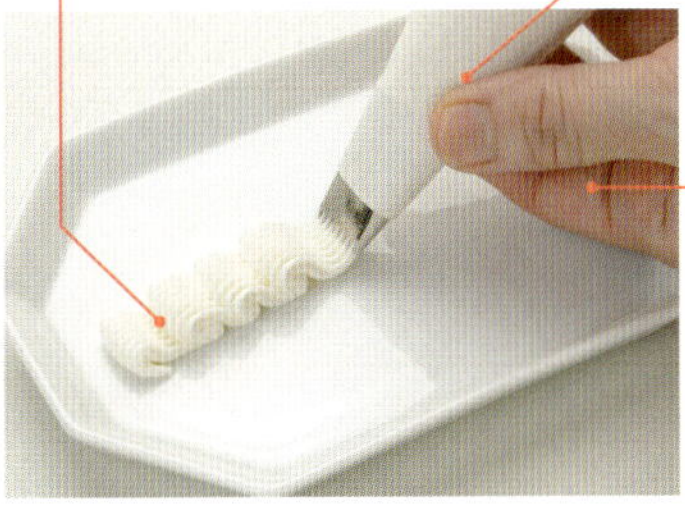

手の動き

波を打って絞るときなどは手先ではなく腕ごと動かしながら絞り、安定させる。

サントノーレ

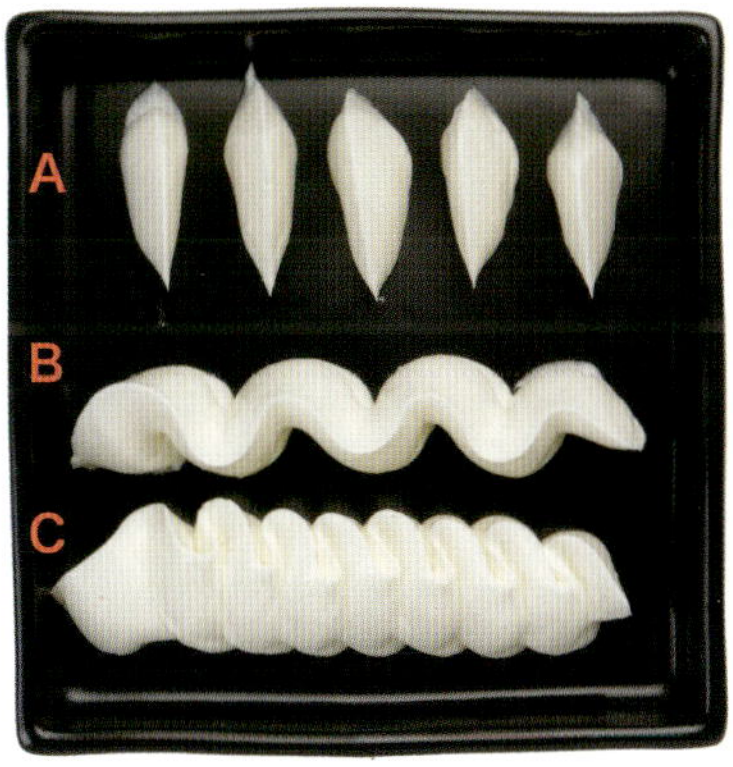

まっすぐだと

Ⓐ上から下へ点に絞ったもの。Ⓑ上下に動かしながら線に絞り出す。Ⓒ間隔を詰めながら上下に動かし、線に絞り出す。

星型

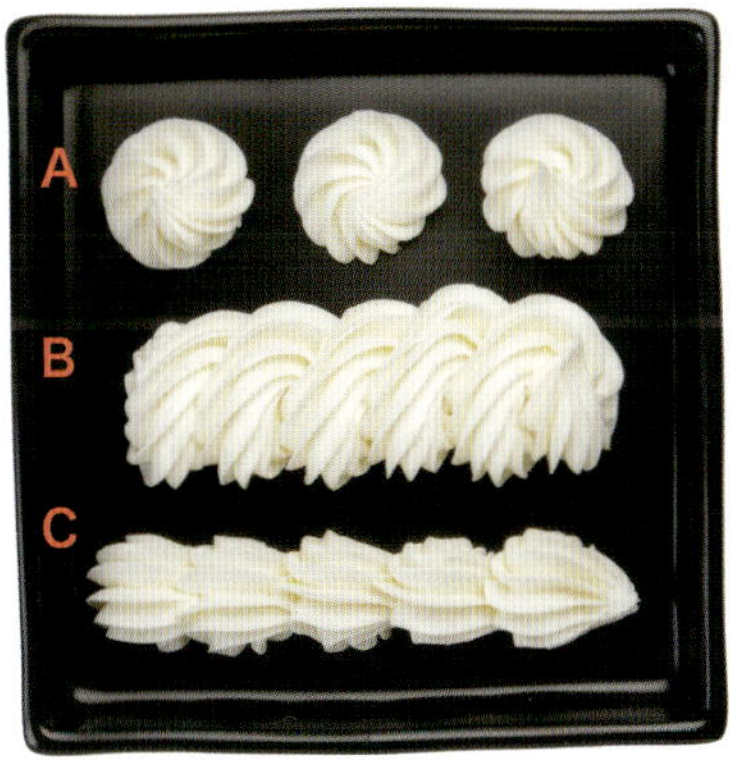

まっすぐだと

Ⓐ小さく「の」の字を描くように絞る。Ⓑ上下に動かしながら線に絞る。Ⓒ少し線に絞ったら折り返し、線が重なるように等間隔で絞り進める。

ケーキのデコレーション

手作りの飾りパーツ作り

余ったメレンゲや果物などを使って、デコレーションアイテムを手作りしましょう。おいしく、簡単に作れるうえ、市販品にも負けない華やかさを演出できます。

ドライオレンジ

シロップ（水：砂糖＝２：１）を沸かして火を止める。薄く輪切りにしたオレンジを熱いうちにひたし、半日おく。

水気を軽くふいて天板に並べ、100℃のオーブンで約60分焼き、そのまましばらくおいて乾燥させる。

輪切りのオレンジの明るい色が華やかさとフレッシュ感を与えます。

焼きメレンゲ

卵白を泡立ててメレンゲにし、絞り出し袋に入れて天板に波打つように絞り出す。

フリーズドライフランボワーズを砕き、茶こしでメレンゲの半分にふるう。90℃のオーブンで約60分焼く。

ケーキに立てかけて添えても、寝かせて飾っても存在感があります。甘くないので口休めにもなります。

ミント糖衣がけ

ミントの葉の裏面に、シロップ（水：砂糖＝２：１）をはけで薄くぬる。

容器にグラニュー糖を入れ、1のミントをつける。そのまましばらくおく。

葉の緑色にかけた砂糖の白が、粉雪をまとったように見えます。

テュイル

天板に、卵白に粉砂糖を混ぜたものをスプーンの裏で丸く広げる。

中心に黒ごまを散らす。180℃のオーブンで約６分焼く。

カリカリとした食感と香ばしさが、ケーキの甘さをやわらげてくれます。

ケーキのデコレーション

チョコレートオーナメント

ケーキにオーナメントを添えるだけで、売り物のような仕上がりになります。チョコレートはテンパリング（温度調節・150ページ参照）したツヤのあるものを使用します。

基本の作り方

テンパリングする

1 チョコレートを湯せんにかけて溶かし、31〜32℃になるように温度調節する。

描く

2 OPPシート（半透明のフィルム）をバットに広げ、チョコレートを指で円を描くようにつける。

はがす

3 そのまま室温においてチョコレートを固める。形をくずさないようにOPPシートからはがす。

※OPPシートは製菓材料専門店で手に入ります。

抜き型を使ったオーナメント

作り方

OPPシートにチョコレートをぬる。しっかりと固まってから、好みの抜き型で抜く。

コームを使ったオーナメント

作り方

OPPシートに多めのチョコレートをのせ、三角コームでゆっくりと線を引く。

デコペンを使ったオーナメント

メッセージやイラストを描いて！

中に割ったチョコレートを入れて電子レンジで溶かして使えるシリコン素材のデコペン。

OPPシートにチョコレートで好みの文字や絵を描き、しばらくおいて固め、はがす。

転写シートを使ったオーナメント

作り方

転写シートを敷き、チョコレートをぬる。固まったらはがし、好きな形に折るか型で抜く。

シフォンケーキのアレンジ法

生地の食感が主役のケーキは、焼く前の生地に味をプラスしてアレンジします。味にアクセントがつくだけでなく、色がついたり、模様ができたりするのも楽しみのひとつです。

材料を足すときには分量の法則を守る

材料をプラスするときには生地の配合のバランスをくずさないようにする。たとえば、粉類を足すなら薄力粉の量をその分減らす調整が必要。生の果物は水分が多いので、加熱して加える。

生地の基本の分量（作り方58ページ）

- 卵黄…60g
- サラダ油…40ml
- 牛乳（または湯）…80ml
- バニラオイル…2～3滴
- 塩…ひとつまみ
- 薄力粉…90g
- 卵白…125g
- グラニュー糖…70g

基本の分量にそのまま加えてもよい。ただし、水分の多いものを入れると生地に空洞ができるので注意する。

こんな材料がおすすめ

チョコレートチップ、ナッツ類、ドライフルーツなど

実践！

ドライトマト＆バジル

ドライトマトとバジルを細かく刻み、生地に加えて混ぜる。指定時間焼く。

桜の花の塩漬け

桜の花の塩漬けを細かく刻み、生地に加えて混ぜる。指定時間焼く。

基本の分量から湯の量をそのままおきかえる。ただし、アルコール類なら風味づけ程度に少量入れる。

こんな材料がおすすめ

コーヒー、ワイン、ジュース、リキュールなど

実践！

オレンジジュース

オレンジジュースを煮詰めてから生地に混ぜる。オレンジピールを加えて指定時間焼く。

紅茶

薄力粉と粉状にした紅茶の茶葉を混ぜてふるい、生地を作る。煮出した紅茶を混ぜ、指定時間焼く。

基本の分量から薄力粉の分量を減らす。ただし、10%以内にする。これ以上に減らすとふくらみが悪くなるため。

こんな材料がおすすめ

ココアパウダー、粉チーズ、アーモンドパウダーなど

実践！

抹茶パウダー

薄力粉と抹茶パウダーを混ぜてふるってから生地を作る。甘納豆を加えて混ぜ、指定時間焼く。

ヘーゼルナッツパウダー

薄力粉とヘーゼルナッツパウダーを混ぜてふるってから生地を作る。指定時間焼く。

ケーキのデコレーション

ひと手間でイメージチェンジ

仕上がりがイマイチ、デコレーションのアイデアが思い浮かばない……。そんなときは、ツヤ出しや粉砂糖をかけるなどのちょっとした工夫だけでがらりと印象をかえられます。

果物の盛り方をかえる

果物を並べるときに、重ねたり高さをつけたりするとケーキに立体感が出て、華やかな印象になる。

粉をかける

茶こしに粉砂糖を入れ、ケーキにふりかける。切り抜いた紙の上からかけるのもおすすめ。

ゼリーをあしらう

ジュースや果汁をゼラチンで固めたゼリーを5㎜角ほどに切り、ケーキの上面に散らしたり、飾ったりする。

果物にナパージュをぬる

シロップや煮溶かしたジャムを果物にはけで薄くぬる。照りが出て、果物がみずみずしく見える。

側面を飾る

アーモンドスライスやチョコレートコポーなどを側面の全体に、または一部につける。クリームを絞って飾ってもよい。

ケーキクラムをつける

余った生地をざるでこして細かくしたものを、ケーキに散らしたり側面につけたりする。

ツヤ出しやフィリングのアレンジが肝！

タルト・パイのデコレーション

アップルパイや洋なしタルトなどの伝統的なお菓子は定番の組み立て方があります。これをヒントに、アレンジにいかして。

伝統的なデコレーションの技法をベースに自分らしいアレンジを取り入れて仕上げましょう

アーモンドスライスを放射状に並べたアマンディーヌ、数種類の果物を散りばめたフルーツタルト、パイ生地にナイフで切り込みを入れて焼くピティヴィエなど、タルトやパイには、デコレーションを含めてそのお菓子の特徴になっているものが多くあります。

受け継がれてきた美しいデコレーションには多くの工夫が盛り込まれています。自分でアレンジするときには、定番のデコレーション方法をベースにして飾るとバランスよく仕上ります。

たとえば、りんごやメロンなど大きめの果物は薄切りにし、ずらして重ね、放射状に並べて丸ごと1個使うと豪華な印象になります。大小サイズ違いの果物を並べるなら、大きい果物を先に置き、小さい果物ですき間を埋めるように配置すると動きが出るでしょう。

タルトやパイは生地と果物の間にフィリング（詰め物）をすることが多いです。これは生地と果物の接着を強めるという役割があります。フィリングにはたいていクリームを入れますが、ここにジャムやチョコレートを加えると味に深みが出るのでおすすめです。

仕上げにナパージュを薄くぬるのも定番の技法です。ナパージュは果物の乾燥を防ぎ、ツヤを出すはたらきがあります。果物にナパージュをぬるのはケーキのデコレーションにも用いますが、パイ生地にぬると焼き色にツヤが出てよりおいしそうに見えます。

タルトのデコレーション

フルーツタルトの組み立て方

まずは定番のフルーツタルトの構造を知りましょう。アレンジするときは生地にのせる順番は同じにし、クリームの味や果物の種類に変化をつけると印象がかわります。

1.生地

1

パート・サブレは甘いクリームや果物が合う。パート・シュクレは野菜などをのせキッシュにしても。

2.クリーム

2

いちごクリームを外側からうずまき状に絞り出す。チョコレートを敷き詰めてもよい。

3.果物

3

果物を1種類だけ切ってのせたり、数種類を組み合わせたりする。ドライフルーツやコンポートなども。

4.仕上げ

4

果物にツヤを出すためにナパージュ（47ページ参照）をぬったり、粉砂糖をふったりして飾る。

フィリングとは？

生地の中に入れる詰め物のこと

底生地の中に敷き詰めるクリームなどを「フィリング」といいます。タルトは焼いた生地にクリームを入れてそのまま食べる場合と、生地を半焼き（空焼き・47ページ参照）にして途中でオーブンから出し、フィリングを詰めて再度焼く場合があります。フィリングは生地の8分目を目安に詰めるのが基本です。

フィリングに使われるもの

アパレイユ

牛乳や生クリームなどを混ぜた液体状のクリーム。

アーモンドクリーム

ナッツ特有の素朴な甘味があるクリーム。（作り方・77ページ参照）

ジャム

果物の甘酸っぱさが凝縮されているので、アクセントになる。

フランジパンヌクリーム

アーモンドクリームにカスタードクリームを足したまろやかな味。

パイ・タルトのデコレーション

表面を美しく見せる

宝石のように光沢のある果物、焼き色のコントラストがきれいな生地……。タルトやパイの美しさを引き立たせるために受け継がれてきた定番の技法を覚えましょう。

美しく見せる技法①
ナパージュをぬる

ナパージュとは表面に薄くぬる上がけのこと。乾燥を防ぎ、ツヤを出す効果がある。市販品では透明なもの、色つきのものなどがあり、ジャムを溶かして手作りすることもできる。

ナパージュの効果

生地にナパージュをぬると焼き色にツヤが出る。果物は宝石のように輝いてみずみずしく見え、食欲をそそる。

アプリコットジャムで作るナパージュ

材料（作りやすい分量）

アプリコットジャム…50g
水…25ml

作り方

1 鍋にアプリコットジャムを入れて火にかけ、水を加える。

2 ジャムのかたまりをほぐすように泡立て器でなめらかになるまで混ぜる。

3 デコレーションしたお菓子の果物の部分（パイの場合は生地にも）に、はけで2をぬる。

市販のナパージュで簡単アレンジも可能

水を加えて溶かし、70℃程度に温めて使う。透明なのでそのまま、または色をつけても使えて便利。

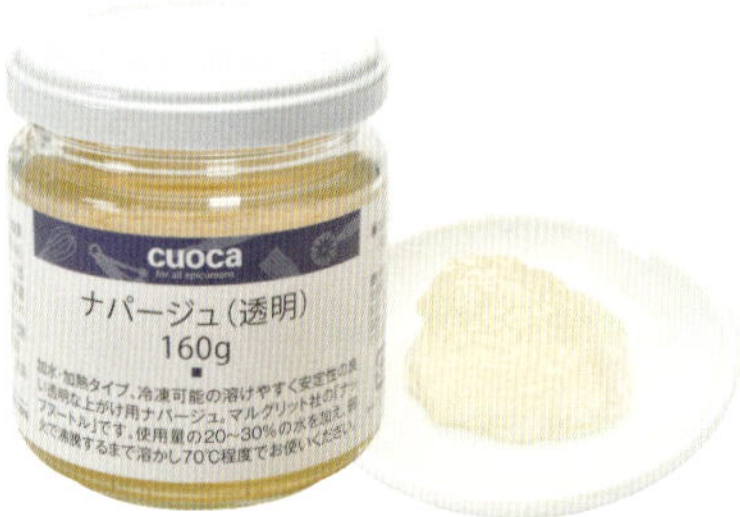

市販のナパージュに混ぜると…

チョコレート
甘さが強くなるので、風味づけ程度に少量使うのがおすすめ。

コーヒー
ほどよい苦味がお菓子に加わり、上品な味わいに。色は薄づき。

練乳
白くなるので、お菓子にぬると糖衣をまとったような印象を演出できる。

オレンジジュース
鮮やかな橙色になる。オレンジピールを入れたお菓子に合わせると風味が増す。

美しく見せる技法②

模様を入れる

上に生地をかぶせて模様を施し、焼き色が映えるようにする。伝統菓子ガレットは表面に切り込みを入れて凹凸《おうとつ》を作り、へこんだ部分との焼き色の差で模様を浮き上がらせている。

生地をはって模様を入れる

格子に生地をはる

アップルパイなどに。フィリング（詰め物）が少しだけ見えるように、切った生地をかぶせる。

ナイフで模様を入れる

卵黄をぬる

生地にフィリング（詰め物）してさらに生地を重ね、溶いた卵黄を全体に薄く均一にぬる。

切り込みを入れる

ナイフを使って、中心から端に向かってらせん状の切り込みを入れる。好きな模様を描いても構わない。

これを焼くと…

焼き色がつくと濃淡がラインに

生地の凹凸《おうとつ》につく焼き色の差が大きいので、模様が浮き出たように見える。

美しく見せる技法③

焼き色をつける

焼き上がったパイ生地に粉砂糖をふって再度焼くと、砂糖がメイラード反応（135ページ参照）を起こし、普通に焼く場合よりも濃い焼き色がつき、表面が光り輝く。

カラメリゼする

粉砂糖をふる

茶こしに粉砂糖を入れ、生地の表面全体にふるう。全体に均一にふるうようにする。

焼く

高温のオーブンで生地を焼く。粉砂糖が溶けて飴状になり、生地が光り輝く。

バーナーで焼く

粉砂糖を茶こしでふるい、上からバーナーであぶって焼き色をつける。

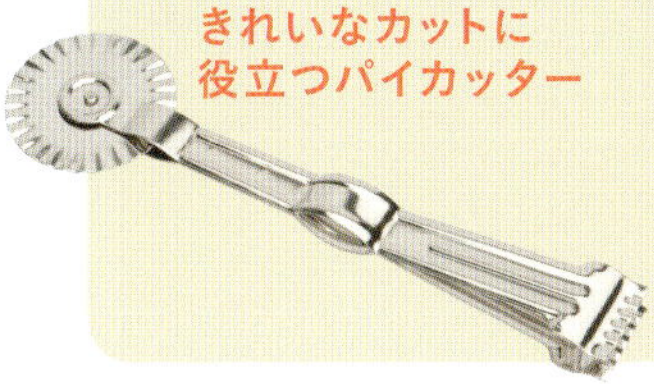

きれいなカットに役立つパイカッター

生地にすべらせると、パイの層をくずさずにきれいにカットすることができるので、成形するのに役立つ。

果物でイメージチェンジ

フルーツタルトやブーシェ・オ・フリュイなどのお菓子は果物をメインに飾ります。果物の色や大きさ、種類によって見た目が左右されるので組み合わせに注意しましょう。

果物の飾り方

果物そのものの形や切り方によって、飾り方もかわってきます

立体的に飾る

生地が小さく、並べる面がせまいときに効果的。大きさの違う果物を合わせるときや、厚く切った果物をのせるときに。

山型に　ブーシェ・オ・フリュイ

狭い範囲に数種類の果物を山型に飾る。大きい果物を先にのせるとバランスがよくなる。

こんな飾り方も

いちじくを約5㎜の厚さに切る。中心にクリームを高く絞り、まわりにいちじくを立てかける。

平面に飾る

並べる面が広いときに効果的。薄く切った果物は平面にずらして重ね、並べる。小粒のもの、または小さく切った果物は上にのせる。

円を描くように　メロンタルト

生地の半径サイズに切り、重ねて円に並べる。残りは小さく切って中心にのせる。

こんな飾り方も

りんごを薄いくし形切りにし、半量は皮をむく。炒めて、皮つきと皮なしを放射状に交互に並べる。

果物の正しい下準備

果物の風味を損なわないように切る前に下準備する。生地にのせる果物は必ずペーパータオルで水気をふき取ってから使うこと。

メロン

ペティナイフでわたのまわりに切り込みを入れる。スプーンを使って種とわたをすくい、取り除く。

いちご

はけで汚れをはらう。水洗いをすると風味が落ち、水っぽくなって傷みやすいので避ける。

果物の印象分け

生地やクリームの味と相性、旬などを考慮して選びましょう

シックな印象

濃厚な味のお菓子に

いちじく

ブルーベリー

バナナ

マンゴー

温かみのある色の果物は、生地の味が強いお菓子やチョコレート菓子などによく合う。

さわやかな味のお菓子に

メロン

ぶどう

パイン

きれいな発色の果物は上品なお菓子のアクセントになる。ペースト状にし、クリームと混ぜてもよい。

キュートな印象

濃厚な味のお菓子に

もも

プラム

アメリカンチェリー

皮の色が濃い果物はお菓子のクリームなどと色の差が出てメリハリがつく。甘さの強いお菓子に合う。

さわやかな味のお菓子に

オレンジ

キウイ

りんご

フランボワーズ

さわやかな味わいを引き立てる。りんごは赤ワインで煮詰めて使うと色が濃くなりおすすめ。

生の果物は保存に注意を

果物は基本的に室温におき、熟すのを待って使う。メロンは底からよい香りがしてくるころが食べ頃。桃は低温が苦手なので使う直前に冷やす。いちごは冷蔵庫に入れて保管する。

柑橘類

皮ごと使う場合、皮にワックスがついているので、塩でこすり洗いしたあと水洗いを。水気をよくふいてから使う。

果汁を絞るときは、切る前に軽く手で押して転がす。こうすると果肉がつぶれて果汁が出やすい。

パイの
デコレーション

定番パイはアレンジで勝負

パイの定番「アップルパイ」と「ミルフイユ」は、基本的な作り方を覚えたら、ちょっと工夫して仕上げてみましょう。見た目が華やぎ、お菓子作りの腕がアップするはずです。

アップルパイ

アメリカの定番スイーツ。丸いパイ生地に砂糖と煮たりんごを詰め、生地を格子状にはりつけた形が多い。

基本の作り方

1 **りんごを煮る**

りんごをバターで炒め、砂糖を入れて水分が出たら弱火で煮る。シナモンパウダーを加え冷やす。

2 **生地にりんごをのせる**

丸くのばしたパイ生地をパイ皿にのせ、ケーキクラムを散らす。1をのせ、縁にはけで溶き卵をぬる。

3 **模様をつける**

残った生地を帯状に切り、2に格子状になるようにのせる。型からはみ出た部分は包丁で切る。

4 **生地を焼く**

縁に卵をぬり、生地をのせてはる。生地にはけで溶き卵をぬる。オーブンで指定時間通り焼く。

アップルパイ作りのpoint

フィリング(詰め物)は水気を飛ばして入れないとべったりした仕上がりに

りんごに水分が残っていると、生地がやわらかくなってふやける。また、中に詰めるりんごの量が少ないと生地がふくらんで中がすかすかの状態に。

ちょっとの工夫でアップルパイをチェンジ!

アレンジ①
ひと口サイズに

パイ生地を直径7㎝の波型で抜く。りんごを5㎜角に切って基本の作り方1、2を参考にフィリング(詰め物)を詰め、同様に生地を重ねる。粉砂糖をかけて焼く。

アレンジ②
長方形のフランス風

りんごを1㎜幅の半月切りにする。25×12㎝の長方形の生地に、りんごを並べ、両端に帯状の生地をのせる。バターと粉砂糖をりんごにかけ、焼く。

アレンジ③
アイスと合わせてコールドストーンに

りんごを煮詰め、パイ生地はカットして焼く。ボウルにりんご、パイ、バニラアイス、いちごを入れ混ぜる。器に盛り、チョコシロップをかける。

ミルフイユ

生地の間にクリームで層を作る。大きな生地で作ってカットする場合と、カットした生地を焼く場合がある。

ちょっとの工夫でミルフイユをチェンジ！

アレンジ①
抜き型でかわいらしく

生地をハートの抜き型で抜いて焼き、クリームを口金でハート型に絞る。フランボワーズを飾る。

アレンジ②
重ね方をかえて上品に

正方形の生地にクリームを点に絞ってブルーベリーを飾る。もう１枚の生地は角度を45°ずらして重ねる。

ミルフイユの正しいカット

切り分けるときに形がくずれないよう注意して

大きめに作ったミルフイユを切るとき、水平に包丁を入れると生地とクリームがずれてくずれやすい。板や小さめのバットなどをあて、ナイフを立てて切る。

ナイフの刃全体で切ろうとすると生地が切ったほうにしずみ、形がくずれる。

バットの裏面をお菓子の側面にあてて固定させ、ナイフを立てて持ち、ゆっくり切る。

基本の作り方

1 生地を焼く

パイ生地を天板の大きさにのばし、ピケして休ませる。オーブンで焼き、途中で粉砂糖をふる。

2 生地をカットする

生地を冷まし、3×9㎝の長方形にカットする。ケーキナイフを使って切るとよい。

3 クリームを作る

カスタードクリームとホイップクリームを混ぜたものを絞り出し袋に入れ、パイ生地に絞る。

4 パイ生地を重ねる

パイ生地とクリームを交互に3段に重ねる。粉砂糖、ホイップクリーム、いちご、ミントを飾る。

ミルフイユ作りのpoint

組み立てるのは食べる直前に行う

組み立ててから時間がたつとクリームがだれ、そのクリームの水気で生地がやわらかくなる。形がくずれるので、食べる直前に皿の上で組み立てるとよい。

シンプルもいいけれど…より上を目指して

焼き菓子のデコレーション

気軽に作れる焼き菓子は、遊び心のきいたアレンジをするのがおすすめ。日持ちするのでプレゼントにも最適です。

香ばしいお菓子の風味を邪魔しない程度にアレンジを

クッキーやマドレーヌなどの焼き菓子はそのままでも十分おいしいですが、ちょっとしたアレンジをきかせると、自分だけの特別なお菓子に変身します。

156ページ以降で紹介する副材料を生地に混ぜ込んで焼いたり、チョコレートがけにしたりと自由に楽しんでください。

焼き菓子はバターの風味をきかせているものが多いので、風味を損なわないよう、香りの強い洋酒などは少量使いにしましょう。

クッキーのように食感がかたい生地の場合は、ドライフルーツやジャムなどねっとりした食感のものやカリッとしたナッツをトッピングするのもおすすめです。

また、型抜きしたサブレなどにはアイシングで模様やメッセージを描くアレンジも可能です。アイシングは粉砂糖、卵白、レモン汁などを練ったもので、コルネに入れて細く絞って使います。

白のアイシングで雪や雲を描いてもよいですし、食用色素を混ぜて色をつけることもできます。水分を多くしてゆるめた状態で、マドレーヌなどにぬると薄い糖衣のようにもなります。模様をつけて華やかにする以外にも、甘さを足す、生地の乾燥を防ぐなどの効果もあります。

焼き菓子は基本の作り方さえ覚えればアレンジが無限大です。季節に合わせて、ちょっとしたお礼やお祝いの贈り物に、ぜひ試してみてください。

焼き菓子のデコレーション

焼き菓子アレンジの基本

生地にドライフルーツを混ぜて焼いたり、アイシングを施したりなど、まずは基本的な焼き菓子のアレンジを紹介します。基本をおさえたら、自分なりのアレンジを。

マフィン。生地を型に⅓量入れ、ブルーベリーを入れる。さらに生地を型の7分目まで入れて焼く。

バターケーキ。材料を混ぜた生地に洋酒につけたドライフルーツを入れて混ぜ、焼く。

アレンジ①

生地に混ぜる

焼く前の生地に、ドライフルーツやナッツ、チョコチップなどを加えてアクセントをつける。チーズや柑橘類の皮をすりおろすのもおすすめ。

アイシング。食用色素をつけると色もかえられる。絵や文字などはコルネを使うと細い線で描ける。

フォンダン。少量の砂糖液を湯せんで温めてやわらかくし、お菓子にかけると固まる。

アレンジ②

アイシング・フォンダン

お菓子に甘さを足すことはもちろん、食感や見た目を変化させたり、乾燥を防いだりするために施す。

シュー生地の中にカスタードクリームを絞り、上にホイップクリームをらせん状に高く絞り出すと、ボリュームが出る。

サントノーレの土台の表面に専用の口金で、クリームを高低をつけながら立体的に交互に絞る。

アレンジ③

クリームを絞る

カップケーキやシュー生地にホイップクリームやカスタードクリームを絞る。高く絞り出すことで立体感が出て、豪華な演出ができる。

ガレットの生地に溶いた卵黄をぬり、表面にフォークで線を引き、模様をつけて焼く。

ガトーバスクの生地の上面に、卵黄と粉末コーヒーを混ぜたものをぬり、ナイフで葉の模様を描いて焼く。

アレンジ④

卵で模様をつける

焼く前の生地に卵黄をぬり、ペティナイフで模様の切り込みを入れる。焼き色がつくと模様が浮き上がる。卵黄より先に切り込みを入れると模様はきれいに出ない。

絞り出しクッキーの生地の中心にドレンチェリーやナッツ、ドライフルーツなどを飾って焼く。

焼く前の生地の中に市販の生チョコレートを入れて焼く。焼き上がると中がとろける。

アレンジ⑤

トッピングする

副材料を生地の中に入れたり、焼き上がりに飾ったりする。アクセントに少し飾ることで、いつものお菓子の印象が、簡単にがらりとかわる。

焼き菓子のデコレーション

アイシングで描く

アイシングとは粉砂糖、卵白、レモン汁を練ったものです。これに色をつけて絞り、絵や文字を描くとお菓子の見た目がより一層かわいらしくなります。

アイシングの作り方

1 粉砂糖200ｇに卵白20ｇを加え、全体が均一になるまでよく混ぜて粉砂糖を溶かす。

2 レモン汁を少量加え、混ぜてとろりとした濃度がつくくらいのかたさに調節する。

色のつけ方

作ったアイシングに好みの色の市販の食用色素を混ぜる。

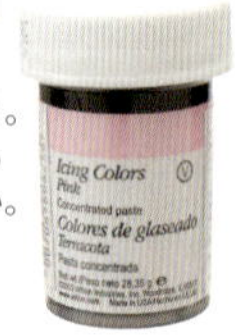

食用色素（アイシングカラーともいう）。水に溶かさないジェル状のタイプなどもある。黒は黒ごまペーストを使うとよい。

イエロー　ピンク　ブラウン　グレー　グリーン

コルネの折り方

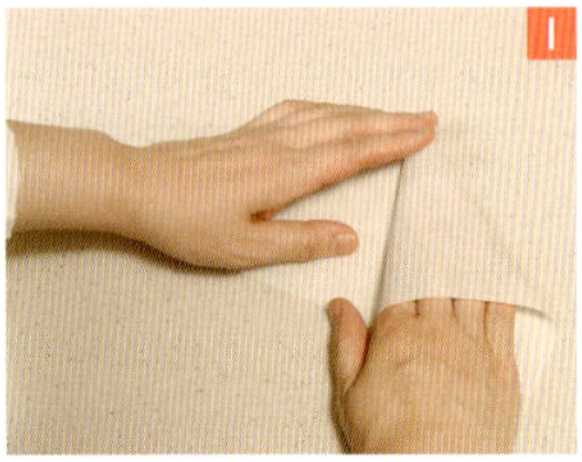

1 パラフィン紙を直角二等辺三角形にカットする。角度90°の部分を手前にし、右端から円錐形に丸める。

2 重なり部分を押さえながら上部の飛び出している2つの角のうち一方を円錐形の内側に折り込む。

3 残りの角をずれないように、同様にして内側に何回か折り込む。

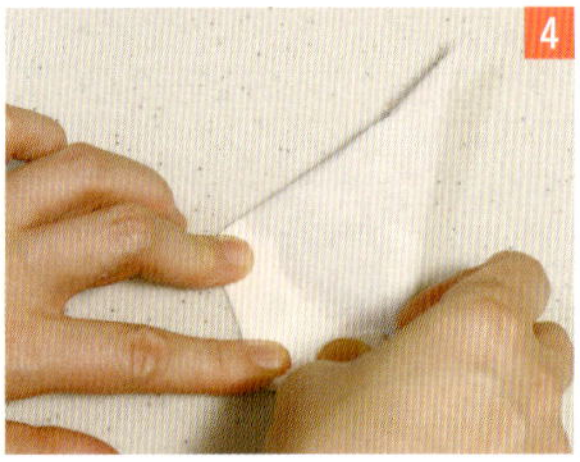

4 スプーンで中身を6分目まで詰める。綴じ目を下にして空気を抜き、両サイドの口を内側に折る。

5 さらに上から折り返す。空気が入らないように、さらに縦半分に折る。

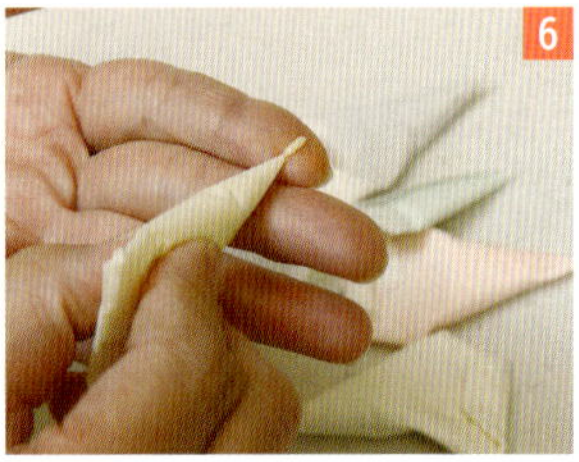

6 先端部分をほんの少しはさみで切り落とす。指先にアイシングを出して、口の太さを確認する。

アイシングクッキー

型抜きした形に合わせて描くとかわいさが引き立ちます

イベントクッキー

クリスマスやハロウィンなど、行事に合わせたイラストを描く。ツリーの飾りにしてもかわいい。

クリスマスに。ツリー形の生地にグリーンのアイシングをぬり、ピンクとイエローで飾りを描く。

正月に。生地に、白色のアイシングで餅を描く。橙色でみかん、ピンクとブラウンで台を描く。

父の日に。生地に、白色のアイシングで枠取りし、中心にグレーでネクタイを、イエローで模様を描く。

メッセージクッキー

アイシングで文字を書くなら、コルネの先をごく細く切って絞り出す。ちょっとしたプレゼントに最適。

長方形の波形生地に、グリーンのアイシングをぬり、白色でアルファベットを書く。

生地にピンクのアイシングをぬり、白で文字を書く。「O」はハート形のシュガーを飾る。

生地に白色のアイシングをぬり広げ、グレーでレース状に囲む。ブラウンで文字を書く。

イラストクッキー

1色または2色を使ってシンプルにまとめるのがおすすめ。アラザンやチョコチップなどを飾ってもよい。

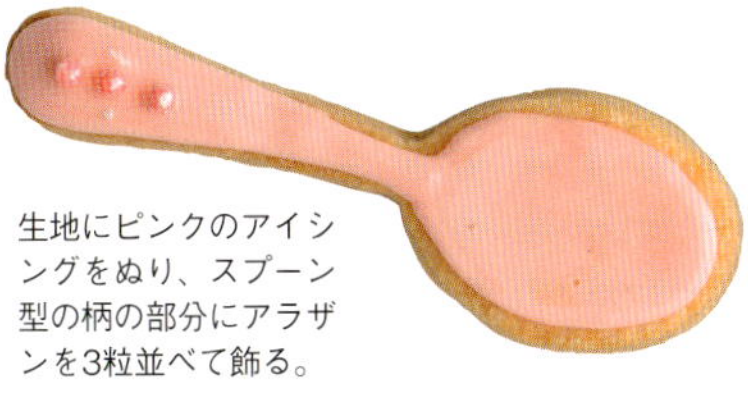

生地にピンクのアイシングをぬり、スプーン型の柄の部分にアラザンを3粒並べて飾る。

生地に、白色のアイシングで花の模様を描く。中心にイエローで点を絞る。

生地に、イエローのアイシングを形に合わせてぬり、中心に紫色を高さをつけて絞る。

カップケーキのデコレーション

バタークリームに食用色素を混ぜて色をつけ、口金で高く絞り出すと華やかに仕上がる。

モンブラン用口金で白色のクリームをらせん状に絞る。上に星型の口金でグリーンを絞り、アラザンを散らす。

星型の口金を使い、紫色のクリームを折り重ねるように絞る。5か所にブルーベリーをのせる。

星型の口金を使い、ピンクのクリームでらせん状に高く絞る。大・小のアラザンを散りばめる。

バタークリームはホイップクリームよりかたさがあり発色がよい。

アイスボックスクッキー図案集

プレーンとココア生地の2色だけでも、アイスボックスクッキーの柄は何通りも作れます。にんじんパウダーや抹茶パウダーを混ぜて生地に色をつけるのもおすすめです。

基本の形成の仕方

うず巻き柄は2色の生地を重ねて巻いて作ります

1 2色の生地を5㎜厚さ、13×17㎝の長方形にのばす。ポリ袋を開き、外側にしたい方を下に重ねる。

2 手前から巻く。空気やひびが入らないように注意する。巻き終わりを下に向け、形を整える。

3 ラップでしっかり包み、バットにのせて冷蔵庫に入れて約30分休ませる。

4 生地を1㎝幅に切り分ける。ラップを取り、天板に間隔をあけてのせ、オーブンで焼く。

※基本の作り方は72ページ参照。

2色生地のバリエーション

「うず巻き柄」は、外側と内側の生地を入れかえたり、厚みを薄くして生地を4層にして巻いたりすると変化が出る。また、生地の厚みをかえて上下に重ね、それを生地で囲んでもよい。「格子柄」は、正方形を作り、それを自由自在に組み合わせる。

焼き菓子のデコレーション

シュークリームの組み立て方

クリームの絞り方やフォンダンをつけるだけでもがらりと印象をかえられます。シュー生地をいくつものせるサントノーレを作るときのアレンジにも応用がききます。

組み立て方は2パターン

生地をカットしない

1 焼き上がった生地の端に菜箸などで口金が入る大きさに穴をあける。大きくあけすぎないこと。

2 生地がつぶれないように持つ。口金を穴の部分にあて、クリームをたっぷり絞る。

生地をカットする

1 ペティナイフで生地の上$\frac{1}{3}$部分をカットする。くずれないよう、手を軽くあてて押さえる。

2 下部分の生地の空洞にクリームをたっぷりと絞り出し、上部分の生地をかぶせる。

シュー生地のアレンジ

スワンの形にする

カットした生地の上部分を羽の形に切る。ホイップクリームを絞る。コルネで生地を顔の形に絞って焼いたものを、飾る。

クリームをかえる

ホイップクリームにカシスピューレを混ぜる。生地をカットし、クリームを絞り、ブルーベリーを飾る。

フォンダンをかける

フォンダン（48ページ参照）にブラウンの食用色素を混ぜ、シュー生地の上$\frac{2}{3}$にかけてそのまま固める。

応用編！ パイシューに挑戦

口に入れたときにパイ生地特有のパリッとした食感を感じ、中はふんわりとやわらかい生地に仕上がる。

1 5㎝角の正方形に切ったパイ生地を天板に並べ、中心にシュー生地をドーム状に絞り出す。

2 パイ生地の四つ端を中心に向かって折る。このとき、シュー生地がのぞくようにする。

3 200℃のオーブンで約8分焼き、ふくらんだら扉をあけずに温度を180℃に下げてさらに約20分焼く。

涼しげな印象を引き立てるように飾る

冷菓のデコレーション

ゼリー、パンナコッタ、アイスクリームなどのデコレーションは涼しげな印象に仕上げます。器の使い方にも気を配って。

季節感や清涼感を感じさせる仕上がりを目指しましょう

冷菓にデコレーションをするのは基本的に食べる直前です。デコレーションしてから冷やすとクリームがだれて流れたり、形がくずれたりして、見た目が悪くなるためです。

果物を使ったゼリーやデコレーションなら、見た目と味がさわやかになるように気をつけます。

甘酸っぱいいちごなら、ホワイトチョコレート、練乳、クリームチーズ、ホイップクリームなどミルキーな味を足すと酸味とクリーミーな甘味が相乗効果を生みます。

グレープフルーツやパイナップルなら、ココナッツやミントなど季節感や清涼感を感じるものをプラスするとよいでしょう。

プリンやパンナコッタ、スフレなど、卵や牛乳を使うお菓子の場合は、バニラの風味や苦味のあるチョコレート、キャラメルをきかせるのがおすすめです。

バニラのさやを使う場合は縦に割いて種をこそげ出し、牛乳と一緒に加熱して風味を液体に移して使います。このとき、液体につける時間が短いと風味が薄くなるので、あらかじめ牛乳につけておき、しっかりと香りを移します。

ゼリーやプリンの液を入れる前に型を水でぬらしておくと、器の凹凸《おうとつ》に水の層ができて、型から外れやすくなる。

冷菓のデコレーション

ひと手間できれいに

お菓子を型から外すときなど、作業中のちょっとしたミスによって見た目が悪くなることがあります。美しく仕上げるということもデコレーションの大切な要素です。

ケース1

ゼリー

型にゼリー液を入れるときに空気が入ると中にぽつぽつと泡の粒がつく。そのまま固まると気泡が残って見た目が悪い。

気泡は固める前につぶす

作業中は空気が入らないように混ぜる。固まる前にバーナーやライターの火で気泡を消す。

ケース2

ティラミス

器にビスケットを敷き詰め、クリームをのせたら、布巾の上に3～4回打ちつけて表面を平らにならす。

粉はしっとりさせないと食べるときむせる

ココアやコーヒーの粉末をかけたら、ラップをして冷蔵庫に入れ、全体がしみるまで待つ。

ケース3

プリン

生地の表面や中に穴があく「すが入る」失敗が多い。型に液を流し入れたときスプーンですくって気泡を除く。

「す」が入ると見た目が悪い

オーブンで焼く途中でアルミホイルをかぶせると熱がじんわり伝わり「す」が入りにくい。

ケース4

スフレグラッセ

生地を混ぜるときには、ふんわりとした泡をつぶさないようにする。型に入れたら布巾に軽く打ちつけてから固める。

冷やし固めてからデコレーションする

冷蔵庫で固め、食べる直前に粉砂糖や果物を飾る。油脂入りの湿りにくい粉砂糖を使っても。

冷菓のデコレーション

ゼリーをデザインする

ゼラチンを溶かし、冷やし固めて作るゼリーは、初心者でもアレンジが簡単です。型からきれいに外すのも大切ですが、器に合わせて、わざとくずして盛るのもよいでしょう。

ゼリーの組み立て方

果物や液体を組み合わせ好みのゼリーを

ゼリーや寒天などに加える果物や、ゼリー液などに変化をつけると味も見た目もがらりとかわる。組み合わせは自由自在。

デザインの基本構成

ゼリー液に色をつける ← 果物で模様を加える ← 盛りつける器で印象づける ← トッピングする

ゼリー液の色

飲み物などの液体にグラニュー糖とゼラチンを溶かすと、半透明の色になる。

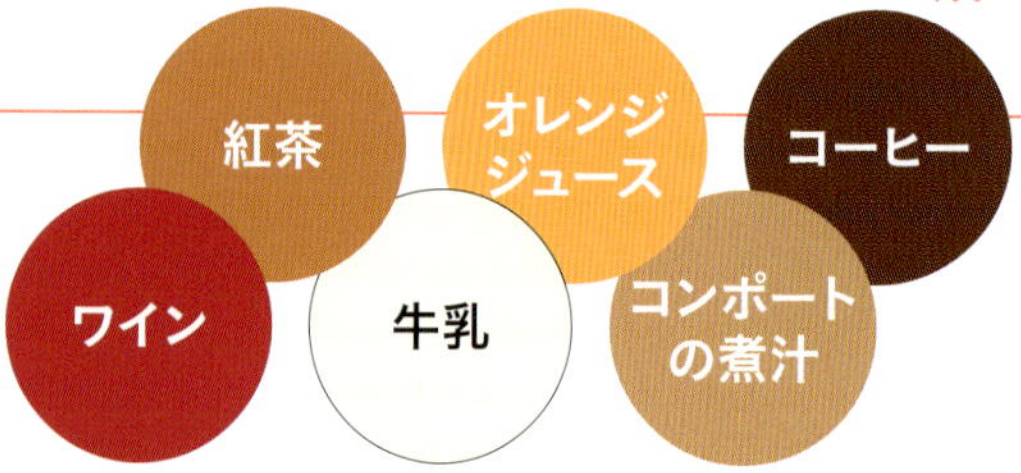

果物の模様

果物を丸ごと、またはカットして入れる。器が透明なグラスなら、側面から浮かんでいるような演出ができる。

オレンジ

皮と種を除き、果肉を出してカットする。果汁や100%のオレンジジュースと合わせると風味が増す。

メロン

香りのよい完熟メロンを使い、スプーンで実を丸くくり抜き、液体に入れる。果汁も加えるとよい。

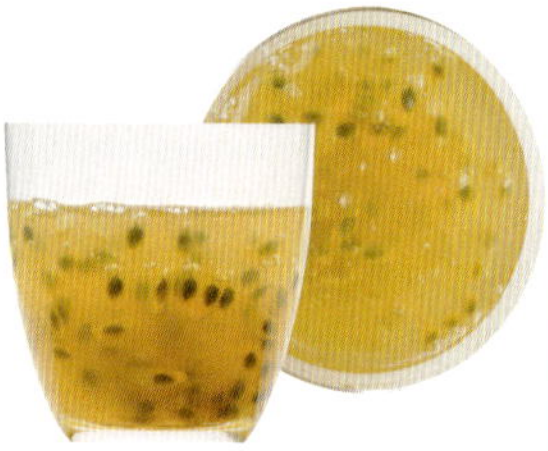

パッションフルーツ

中の種と液体をすくって出す。種は粒が小さく、カリッとした食感があるので、アクセントになる。

フランボワーズ

丸ごとを入れる。鮮やかな赤色なので、使う液体は白ワインなど薄い色が合う。

ブルーベリー

丸ごとを入れると、液体に浮いているように見える。上に浮きやすいので濃度がついてきたら器に流す。

いちじく

皮ごと細めのくし形切りにし、軽く煮てやわらかくしてから固める。皮を取るときは湯むきする。

ダークチェリー

種を除き、小さくカットして液体に入れる。少し苦味があるので、シロップなどを加えてもよい。

プラム

変色しやすいので、くし形切りにしたプラムをすぐに液体に入れる。皮つきと皮なしを入れてもよい。

器に合わせた盛り方

冷菓にはグラスやガラスの透明皿を使うと、さらに清涼感がアップします

グラスに盛る

ミント
グレープフルーツ
グレープフルーツジュース

口の広いグラス

Point

ゼリー液は氷水をあて気泡ができないようにゴムべらをボウルにあてて混ぜる。グラスに果物とミントと共に入れ、固める。

白ワイン
ミント
果物
赤ワイン

細長いグラス

Point

グラスを傾けて赤ワインゼリー液と果物を入れて固め、さらにミントを混ぜた白ワインゼリー液を流して固める。

器に盛る

平らな器

ゼリーをゆるく固めてジュレ状にしたものや、型から外してくずしたゼリーなどを盛るのに適する。

深さのある器

バットなどに流して固めたゼリーをひと口サイズにカットして盛る。ホイップクリームやハーブで立体的に盛る。

果物の器

果物の中身をくり抜いて器として使う。中身はゼリー液に使ったり、小さくカットして、中にもどし入れる。

器にできるフルーツは?

グレープフルーツのほか、りんごやメロン、スイカなど皮がかたく、しっかりとしている果物は、器に適する。りんごは皮を煮てもOK。

りんごを器にする場合

1 りんごの芯と種を除き、中身を丸くくり抜く。鍋に入れ、煮汁と共に火にかけ、やわらかくする。

2 りんごの中身半量と生クリーム、ゼラチンを混ぜたものを攪拌し、りんごの器に流し、冷やし固める。

3 りんごの果汁で作ったゼリーとりんごの中身の残り半量を器に入れ、好みでハーブを飾っても。

冷菓のデコレーション

ソースと飾り方

人をもてなすときのデザートには、盛りつける器や添えるソースにも工夫をこらすと喜ばれます。簡単にできて、お菓子を豪華に演出するテクニックをいくつか紹介します。

飴飾りを作る

水、グラニュー糖、水あめを火にかけて茶色くなるまで熱した飴は、冷えると固まります。その性質を利用して飾りを作ります。

麺棒3本を等間隔に並べる。泡立て器に飴を取り、麺棒にかける。細くなるように飛ばすこと。

しばらくおき、飴が固まったらスケッパーですくって麺棒から飴をはがす。お菓子に飾る。

↓

お菓子にのせると、パリッとした食感を楽しめる。余ったら密閉容器に乾燥剤と入れて冷蔵庫で約１週間保存可能。

ソースに描く

ソースと一緒に盛りつけるお菓子の場合は、竹串を使ってソースに模様をつけると見た目が華やかになります。

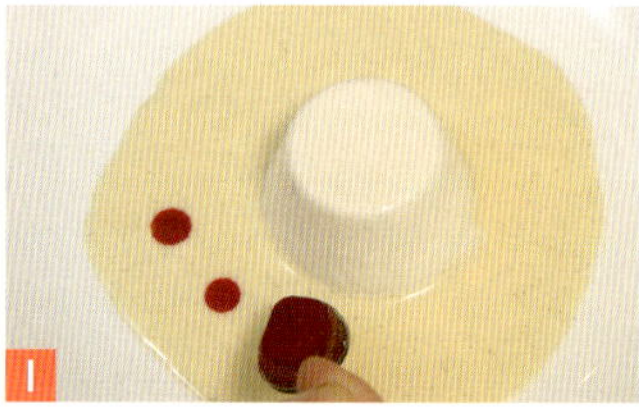

お菓子のまわりにアングレーズソースを流す。いちごのピューレを間隔をあけて、ドット状にたらす。

竹串をドットにあて、円の中心から線を描くように動かし、ハートの模様にする。

↓

ハートの連なったデザインがお菓子を引き立たせる。時間がたつと流れてしまうので、必ず食べる直前に描くこと。

こんな飾り方も！

ソースの上からいちごピューレなどで円を描く。竹串で円を引くように動かし模様を描く。

お菓子のまわりにブルーベリーとフランボワーズをのせる。いちごピューレを果物にかける。

皿にフォークやスプーンをあてながらココアパウダーをふりかけてフォークやスプーンの模様を出す。

のせるだけで豪華！

市販のデコレーショングッズ

手軽にお菓子の仕上がりを華やかに演出！

フラワー系グッズ

乾燥させた花は色が淡くかわいらしい。春のお菓子やウエディングの贈り物に最適です。

ダマスクローズ

食用バラのつぼみを乾燥させたもので、自然な色合い。花びらを散らして使ってもよい。

桜の花びらフレーク

桜の花びらを凍結乾燥させ、フレーク状にしたもの。トリュフにまぶしたりしてもOK。

金箔系グッズ

少量のせるだけでも、お菓子がキラキラと輝き、上品で豪華に仕上がります。

飾り用金箔

食用の金箔で、ひらひらしたものや星型、ハート型などさまざまな形がある。

純金箔

お菓子に吹きつけると食用の細かい金箔が出るスプレー。銀箔のものもある。

チョコレート系グッズ

チョコレート独特の風味がお菓子にプラスされるので、子どもにも喜ばれます。

巻きチョコ

チョコレートとホワイトチョコレートを棒状に巻いたもの。アイスに添えたりするとよい。

チョコペン

絵やメッセージをチョコレートで描ける。ほかに、緑や青など種類豊富。

チョコスプレー

チョコレートに色素をコーティングさせたもの。お菓子に散らして使う。

コーヒーバックス

チョコレートをコーヒー豆の形に加工したもの。コーヒーのほろ苦い風味も感じられる。

シュガー系グッズ

クッキーなどの焼き菓子に飾って焼いたり、ケーキに散らしたりと使い道はさまざま。

トッピングシュガー

砂糖を星型に加工し着色したもの。ほかにハートや花型もある。チョコレートに合う。

アラザン

砂糖を食用銀粉でコーティングし、パールのような形にしたもの。色も数種類あり、サイズも大小さまざま。

クリスタルシュガー

白ざら糖を鮮やかな色に着色したもの、生地に混ぜるとカリッとした食感も楽しめる。

さらに上の仕上がりを！　パティシエが教える

デコレーションテクニック

お店のようにセンスのよい仕上がりにしたい、デコレーションがマンネリ化する……。そんな悩みをプロに解決してもらいます。

食べる人に喜ばれる華やかな仕上がりを目指します

最近は市販のデコレーショングッズの種類が増え、家庭で作るお菓子でもそれなりにきれいな仕上げができるようになりました。しかし、せっかく購入してもグッズの持ち味をいかせずにいる人も多いようです。

華やかなデコレーション＝盛りだくさん飾ることではありません。むしろ、足し算より引き算をすることが大切です。

お菓子を飾る色は基本的にクリームや果物の色で十分です。使う色のパターンを決めておくと統一感が出て見栄えがよくなります。

キラキラとした小さなアラザンや金箔を散らすのは、果物やクリームをきれいに見せる脇役にすぎないのです。

パッと目を引く素敵なお菓子には、たいていテーマがあります。チョコレートのプレートを添えて「誕生日のお菓子」、数種類の木の実を飾って「秋のお菓子」など、テーマによって何を強調させるのか決めるのも重要です。

パティシエのお菓子には、飴飾りや細かなマジパン使いなども施されています。これらは熟練の技や専用の道具が必要なので、あまりおすすめしません。

それよりも、クリームをきれいな形に絞る、盛りつける間隔を均一にする、食べやすいように盛りつけるということを重視してください。基本的なことですが、これがセンスよいお菓子への近道なのです。

デコレーションのステップアップ法

1 まずはレシピに忠実に飾る

本で紹介されている通りの絞り出しや果物で飾る。上手にできたら、口金を、クリームを、果物をかえるなどして少しずつアレンジしてみる。

←

2 市販のグッズを上手に利用する

チョコスプレーやアラザンなどを飾ったり、チョコペンで描く文字などを取り入れて、遊び心を出す。使いすぎず、ポイント使いを心がけること。

←

3 自分なりのアレンジを楽しむ

プラスチックチョコレートは粘土感覚で作れるのでおすすめ。クリームの絞り方、果物の切り方をかえたりするだけでも印象がかわってくる。

日高宣博

成城「マルメゾン」などの名店で修行後、1987年に渡欧。帰国後、パティスリー「ラ・マーレード・茶屋」、明治記念館製菓長就任。国内外の洋菓子コンクール受賞歴多数2010年「パティスリー・ラ・ノブティック」開店。

パティスリー・ラ・ノブティック

東京都板橋区常盤台2-6-2池田ビル１階
TEL：03-5918-9454
営業時間10：00〜20：00（毎月第１水曜日定休）
http://www.noboutique.net/

デコレーションの5大法則

ノープランで飾るのではなく、5つの法則を意識することが大切です

ケーキやタルトは食べるときに切り分けることを考えて果物をのせる。数種類の果物を飾るときは均等に盛る。

法則1 食べる人のことを考えて飾る

食べられないものは飾らないようにする

食べる人数を考え、均一に切り分けられるように飾りましょう。切ったときに果物が均等にのるようにし、ナイフを入れる部分にはなるべく飾らないようにします。

殻つきのナッツやバニラのさやなどを飾ったお菓子はお洒落に見えますが、食べづらいのでかえってマイナスです。形がくずれない果物なら種は除いてからカットしましょう。

△

これはイマイチ

シナモンやバニラを丸ごとのせたり、風味が強すぎるハーブをたくさん飾ったりすると、お菓子のよさを損なう。

プレート

贈り物をするときに。中心に飾るとよく目立つ。立てるように飾るとよい。

クリーム

色つきのクリームを使う場合や特徴のある絞り方をする場合に。

果物

鮮やかな色のもの、きれいにカットしたものなどがメインになりやすい。

プラスチックチョコレート

粘土のように形をかえられるチョコレート。大きな飾りを作るときに役立つ。形を作ってからお菓子の上にのせるようにすると、クリームなどで汚れない。

法則2 目立たせるものを決めて盛りつける

メリハリをつけることでセンスが上がる

あれこれ飾るのではなく、強調したいものをひとつ、またはふたつまで決めます。ほかの飾りはあくまでも脇役です。薄い色、小さいものなどを使ってさりげない飾り方をして、メインのものがより強調されるようにしましょう。

目立たせたいメインの飾りは、最後にのせるようにするとより引き立ちます。

色使い　きれい！と思わせるのはこの色

赤
いちご、フランボワーズ、りんご、さくらんぼなど。

橙
オレンジ、グレープフルーツ、マンゴー、パイナップルなど。

緑
キウイフルーツ、メロン、ハーブ、ピスタチオなど。

黒
ブルーベリー、カシス、チョコレート、ダークチェリーなど。

同じ色が複数あるなら工夫を

ショートケーキなら、いちごの赤が目立つようにするため、フランボワーズには粉砂糖をかけて赤を弱めるのも、工夫のひとつ。

法則3
果物の色・形・大きさを使いこなす

同じ果物でも見せ方をかえる

いちごはへたつきにしたり、カットして中の白を見せたりするだけでもずいぶん印象がかわります。

複数の果物を飾るときは、色のバランス、大きさの違いなどにもこだわりましょう。色は多くても4色くらいまでにまとめます。

同系色のベリーだけでまとめたり、薄い色の桃と濃い色のオレンジで濃淡を出したりするのもよいでしょう。

サイズ使い　大きさはそろえて準備する

飾る果物をカットするときは、なるべくサイズをそろえる。水気をふいてから飾ること。

大きいものから並べる

くし形切りにした桃など、大きな果物は先に並べて土台のように使い、安定させる。

小さいものを並べる

いちごやブルーベリーなど球状の果物は、すき間を埋めるように最後にのせていく。

形使い　同じ果物でも切り方をかえる

丸ごとの果物とカットした果物を交互にのせたり、切り口を外側にしたりしてもよい。

カットの仕方でイメージが変化！

細かく切ったり、皮つきのまま切ったり、型で抜いたりなど切り方にこだわるとお菓子が華やぐ。

りんご

キウイフルーツ

法則4 高さ・空間を作る

立体感を出す工夫をするとお菓子がより豪華に

生地にクリームを高く絞り出したり、果物を重ねたりするとお菓子に高さや空間ができます。

立体感を出すためには、どの面から見てもきれいに見えるように盛りつけなければなりません。とくにクリームは絞り出す量がばらばらだと形が悪く見えるので、一定量を保って絞り出します。

果物で

生地の中心にカスタードクリームを絞り、クリームを接着剤がわりにいちごを立てかけるように一周並べる。

土台のクリームで

カスタードクリームを中心に向かってらせん状に絞る。外側は5㎜ほどあけると、果物をのせてもクリームが出ない。

ハーブで

フレッシュハーブは枝つきを添えたり、葉だけを散らしたりすると、葉と葉の間からクリームがのぞき、空間ができる。

飾りのクリームで

同じ量を均一に絞り出す。写真のように外から内にカーブをつけて絞る場合、曲がり方も均一になるようにする。

法則5 細かな作業でも視野は広く

集中しすぎると偏ったり、ずれたりと失敗の原因に

全体に飾りを散りばめて無造作な演出を施したいときには、同じ場所にかたまらないように注意して飾ってください。

また、細かい線を絞り出すとき、小さな果物を並べるときなどは、集中するあまりお菓子に近づいて作業しがちです。同じ部分ばかりにこだわると全体のバランスがわかりづらくなるので、ときどき離れて見て確かめましょう。

ランダムに描くものこそ全体を考えて

コルネでリースのような円を描くとき。まずは普通の円を描き、その上に波打つように円を重ねて描くとよい。

長さは足りるように調整を

何度も修正するとクリームがきたなくなるので、飾る前に長さや幅をはかる。

並べる順番を考える

食べる人に平等に果物が盛られるように、果物は色や大きさを考えて並べる。

パティシエの技が光る

本格ケーキデコレーション

粉砂糖や金箔などの散らし方もテクニックのひとつです

ショートケーキ

定番だからこそセンスが問われる

❶スポンジ生地にホイップクリームをぬる。サントノーレ口金で外側から中心に向かってカーブをつけて絞る。中心はS字に絞り出す。
❷S字のクリームの周囲にいちごを並べる。間にフランボワーズとブルーベリーを並べる。
❸コルネにナパージュを入れ、フランボワーズとブルーベリーにしずくのように絞り、仕上げる。
❹フランボワーズに粉砂糖をふるいかけ、中心にセルフィーユを飾る。

ケーキの外側から中心に向かって、ゆるやかなカーブをつけながら絞る。

ナパージュを絞るときは、しずくのようなイメージで仕上げる。

プランタン

繊細なデザインが高級感を演出

❶ガナッシュをぬった生地にパータグラッセイボワール（コーティング用ホワイトチョコレート）をコーティングする。
❷ピンクのプラスチックチョコレート少量をOPPシート（89ページ参照）に入れてつぶし、端から丸めて花の形を作る。黄色のプラスチックチョコレートも同様にする。
❸コルネにグリーンとイエローの食用色素を混ぜたバタークリームを入れる。ケーキの上面にランダムに円を描き、リース模様にする。❷を散らすように飾る。
❹❸のコルネの先を山型になるよう少し切って、切り口を広げる。リースの上に少し高く絞り、葉の形を作る。
❺コルネに白色のバタークリームを入れ、リースのキワに点を絞る。外側に銀箔を散らす。

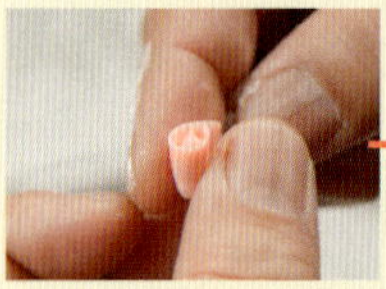

プラスチックチョコレートは指先を使って1～2周巻くと花形になる。

花がつるを巻いているように見えるよう、花を無造作にのせていく。

コルネの先を山型になるように切ると、絞ったときに葉の形になる。

パータグラッセイボワールは製菓材料専門店で手に入ります。

フルーツタルト

果物をふんだんに、見栄えよく

❶タルト生地にカスタードクリームを絞る。
❷桃とオレンジを交互に並べ、間に縦半分に切ったいちごと丸ごとを交互にのせる。さらに半月切りのキウイフルーツをはさむ。
❸上にブルーベリーと縦半分に切ったフランボワーズをのせ、ナパージュをはけでぬる。
❹飾り切りしたりんごにナパージュしたもの、赤すぐりをのせる。生地の縁に粉砂糖をかけ、上にセルフィーユを飾る。

桃とオレンジは同じ大きさに切り、中心から放射状になるように並べる。

セルフィーユをのせる前に果物にナパージュをはけでぬる。

ギフトボックス

ウエディングやバースデーを華やかに祝福

❶長方形の生地にホイップクリームをぬり広げる。
❷ピンクのプラスチックチョコレートを麺棒（写真は凹凸《おうとつ》つきを使用）でのばす。飾りたい位置に合わせて2.5cm幅にカットし、ケーキにのせる。
❸同様の幅のチョコレートでリボンの形を作り、うねりをつけて立体感を出す。
❹❶の上に❸を飾る。周囲にアラザンと金箔を散らす。

リボンを置きたい場所に交差するように、帯状のチョコレートをのせる。

リボン部分は浮き上がるように包丁の先で空間を作る。

ヴィエノワ

チョコレートと金箔は黄金の組み合わせ

❶生地にテンパリングしたチョコレートをぬり、金箔を散らす。
❷マカロン２個を縦にして飾り、まわりにマカダミアナッツとピスタチオナッツを飾る。
❸カーブしたプラスチックチョコレートを作り、マカロンの近くに飾る。

タルト・オ・フレーズ

高く盛ることで脱シンプルに

❶タルト生地の中心にカスタードクリームを絞る。
❷❶の周囲に丸ごとのいちごと縦にカットしたいちごを立てて飾る。
❸いちごにナパージュをぬり、中心にホイップクリームを絞る。粉砂糖をふり、上に飾り切りしたいちごをのせる。

周囲に並べるいちごを飾ってから、ナパージュし、クリームを絞る。

誰かへ贈るお菓子は気持ちを込めて

ラッピングのテクニック

ちょっとしたお礼に、または誕生日祝いに、手作りのお菓子の贈りものを。ラッピングも自分らしく仕上げましょう。

渡す相手に合わせて喜ばれるラッピングを

贈り物にするお菓子は、渡す相手のことを考えて決めましょう。食べやすい量、いつごろ食べるのか、相手の好み、運びやすさなどを考慮してください。

とくに、クリームののったお菓子はだれやすいので、あまり贈り物に適しません。また、果物も時間がたつと傷んだり、色が悪くなるのでナパージュなどの工夫を施す必要があります。

ラッピングの材料はすべて買いそろえる必要はありません。家にあるものや、100円均一など安く手に入るアイテムを上手に利用するだけでも十分素敵に見えます。普段からアイデアを収集しておくと、突然の贈り物にも困りません。

ラッピングする前にcheck！

- ☐ **どんなお菓子を包むのか**
  ホールケーキを丸ごとなのか、トリュフやマカロンなど小さなものなのかによって、箱や包みを考える。
- ☐ **渡す相手はどんな人なのか**
  家族が多いのか、独身なのか、子どもか、年配の方かなどによって分量を調節する。
- ☐ **渡すまでの時間はどれくらい?**
  すぐに冷蔵庫へ入れる必要があるか、常温においてよいものかなどを考える。
- ☐ **食べやすい環境は?**
  ケーキなどは相手にカットしてもらうか、または個包装して渡すかを考える。

ラッピングのテクニック

おいしさを保つ方法

お菓子は時間がたつと、クリームがやわらかくなったり、色が悪くなったりと見た目や味が落ちてしまいます。普段の作り方にひと手間加えておいしさを長持ちさせましょう。

時間がたってもおいしいと思ってもらえるように

お菓子のおいしさをキープするためには、生地の食感、果物のフレッシュさ、形の3つを保つことが大事です。常温が苦手なクリームの入ったお菓子や冷菓は、渡す直前まで冷蔵庫で冷やします。タルトやクッキーは、生地が湿気を吸わないように乾燥剤をつけましょう。

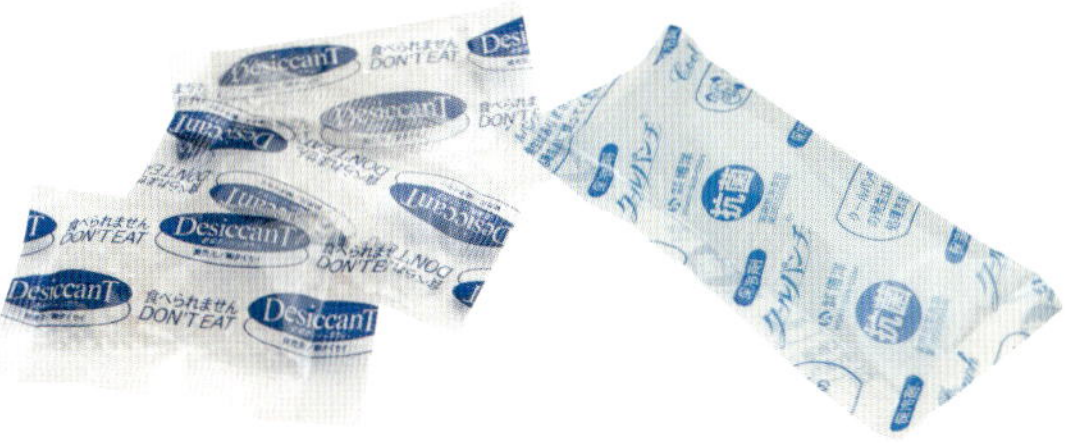

保冷剤
水、高吸水性樹脂、防腐剤などが入った低温を保てるパック。冷凍してくり返し使える。

乾燥剤
ビーズ状のものはシリカゲルという。吸水性があり、パリッとした生地の食感を保てる。

ひと手間でおいしさ長持ち

Point 1 タルト生地に層を作っておく

生地にクリームの水分がしみ込むと、サクッとした食感が失われる。卵白をぬって焼いたり、チョコレートをぬるとクリームの浸透が防げる。

卵白をぬる
溶いた卵白を生地にぬって焼くと防水効果が得られる。

チョコレートをぬる
生地にチョコレートをぬって固めると壁ができ、クリームがしみ込まない。

Point 2 果物にレモンの絞り汁をかける

カットした果物の切り口は時間がたつと色が悪くなる。ビタミンCは変色を防ぐ効果があるので、切ったらすぐレモンの絞り汁をつけるとよい。

バナナのほか、りんごや桃なども変色するので、同様の処理をすとよい。

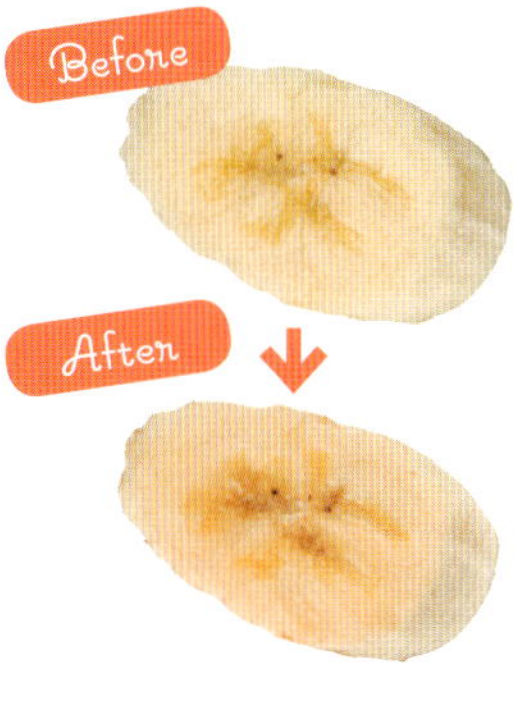

Point 3 ナパージュはいつもより煮詰める

ナパージュ（94ページ参照）にはツヤ出し、乾燥を防ぐなどのはたらきがある。普段より煮詰めて濃度を濃くし、多めにぬると、効果がより高まる。

普段よりは多めにナパージュをぬる。ただし、ぬりすぎるとお菓子が甘くなりすぎるので、ほどほどに。

煮詰めるときは焦がさないように、弱火にしてよく混ぜる。量も普段より多めに作っておくとよい。

ラッピンググッズの種類

専門店には豊富なアイテムがあります。次のアイテムを中心に選んで

同系色のペーパーや、レース柄、和柄などもあるとよい。季節やイベントにちなんだ柄は雰囲気を出しやすい。

Lesson1

包装紙を選ぶ

無地、柄もの、素材違いを意識して選ぶと失敗なし

包装紙は柄や色、素材違いなど種類がたくさんあります。英字柄の紙でシックに、不織布の紙でやわらかにと、包装紙によって贈り物の印象はがらりとかわります。ツヤのある紙は折れ線が目立つので、まずはツヤのないクラフト紙からそろえるのがおすすめです。

ひとつのラッピングに数種類のリボンを使うことも多いので、さまざまな種類をそろえておきたい。

Lesson2

リボンを選ぶ

贈り物などについていたリボンはとっておくと使える！

幅の広いリボンは存在感があり、細いリボンはアクセントになるので、ラッピング全体のバランスを考えて選びます。また、麻ひもは目立たずさりげない印象になるので、ちょっとしたプレゼントにぴったり。いろいろな種類があると便利なので、日ごろからリボンを集めましょう。

マスキングテープは数種類そろえて！

Lesson3

ポイント小物を選ぶ

ちょっとしたアレンジで自分らしいラッピングに

メッセージを書き込めるシールや、木製クリップ、レースのコースター、ワックスペーパーなどは、お菓子のラッピングに重宝します。また、クリスマスやバレンタインデーなど、イベントにちなんだ小物もあるとよいでしょう。マスキングテープもいくつかあると便利です。

ラッピンググッズを選ぶ

必ず持っておきたいのは透明なセロハン。包装紙で包む前にセロハンで包んでおくと形がくずれにくくなります。また、包装紙やリボンはお菓子のイメージに合わせて選び、多めに用意しましょう。

リボンの結び方

リボンは箱に巻きつけたり、結んで形を整えてから箱につけたりと、使い道もさまざま。

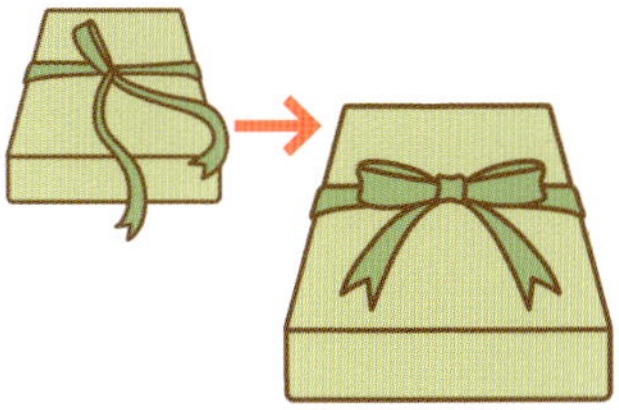

蝶結び

箱または袋に巻いたリボンの端で輪を作り、もう片方のリボンの端をまわしかける。できたふたつの輪を左右に引っぱる。

十字がけ

箱にリボンを横に一周巻いて中央でクロスさせ、十字になるようにする。縦に一周巻き、正面で合わせ、蝶結びする。

ななめがけ

箱の中央を起点にし、箱の面をななめにリボンが通るように回し、箱の角で蝶結びをする。

ギザ型はさみはラッピングに便利!

包装紙やリボンをカットするのに使うのはもちろん、色画用紙をカットするとメッセージカードを作れる。

包装紙の包み方

お菓子のサイズ、またはどんな印象にしたいかによって包み方をかえます。

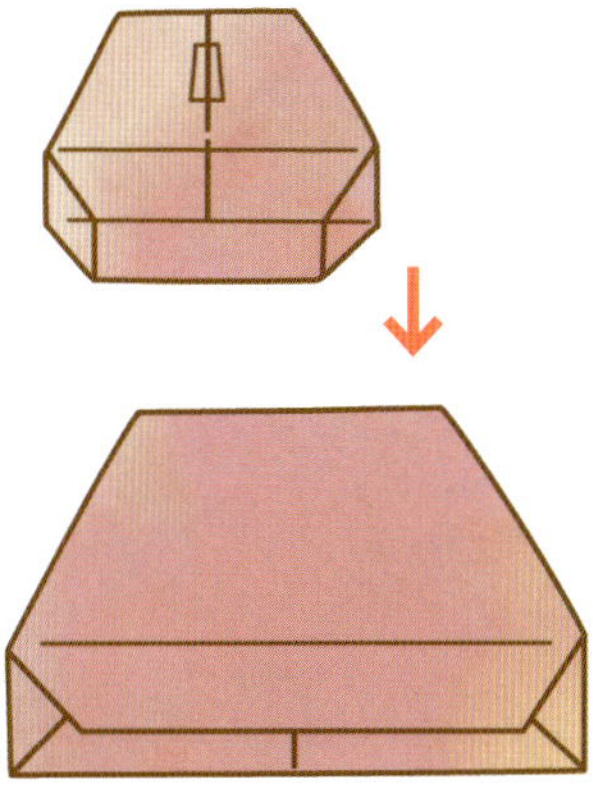

キャラメル包み

箱の側面の幅に合わせ包装紙を巻き、両サイドに少し余裕をもたせてカットする。包装紙を巻いてテープでとめ、両サイドそれぞれの角を折り、箱に合わせて折り目をつけて内側に折り込んでテープでとめる。

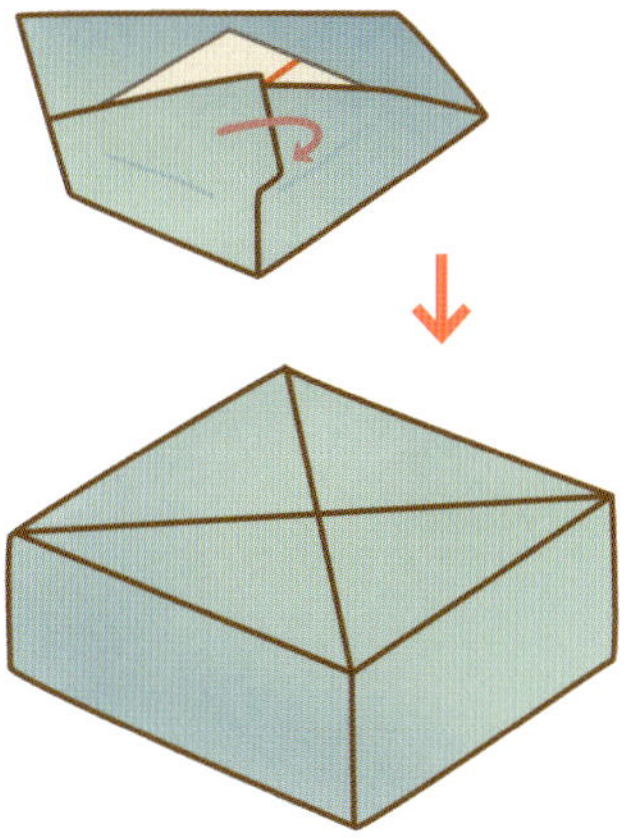

ふろしき包み

箱の面の約3倍の大きさに包装紙をカットする。包装紙の中央に箱を置き、箱の側面に合わせて紙を持ち上げる。反対側も同様に紙を持ち上げ、箱の対角線に紙の端がくるよう折り込む。残りの一面になったらはみ出さないように持ち上げて折る。つなぎ目はテープでとめる。

セロハンで包む

キャンディ包み

袋状にしたセロハンにお菓子を入れて、袋の口をつめてテープなどでとめる。同様に両端をとめてキャンディのようにしてもよい。

種類豊富で役立つ100円均一のアイテム

お菓子が入る箱や瓶、少量のリボンや布などは100円均一を利用してそろえると便利。また、カップや陶器はスフレなどの型として使い、器ごとプレゼントしても。

100円均一には使えるラッピンググッズが豊富。タグやシールなどの小物は季節限定の商品もある。

ラッピングの
テクニック

お菓子に合わせたラッピング

大型のケーキを丸ごと包装するときと、個包装するときとでは包み方が違います。また、マドレーヌのようなかわった形のお菓子を包むときの注意点も紹介します。

大きめのお菓子を包む

クリームは内側にぬるようにします。形がくずれないようにセロハンを密着させて包むとうまくいきます

チョコレートケーキを個包装で食べやすく

ホールケーキをカットし、1ピースずつを個別にセロハンで包む。ケーキの下に円形の厚紙を敷き、全体をリボンで巻いて固定する。中央に花の飾りをつける。

ロールケーキを和テイストに

ロールケーキをセロハンで包み、水玉柄の紙をケーキの長さより短めにカットして巻く。紙製のひもで中央を結ぶ。写真のように水引きの形を作り、ケーキに通してはめてもよい。

パウンドケーキをトラベルモチーフに

パウンドケーキをセロハンで包み、上面にマスキングテープをななめにはる。麻ひもでケーキを結び、ひもが外れないように上からトラベルモチーフのシールをはる。

小さめのお菓子を包む

食べる人のことを考えて少量ずつ個包装にすると、心配りが伝わります

マドレーヌを木箱に詰めて

小さめの木箱にマドレーヌを並べる。レース柄の紙を折って添え、セロハンで包む。紙ひもで結び、飾り用のミニカードをつける。

ガレットをまとめて包む

ガレットをひとつずつセロハンで包む。水玉模様の紙を細長く折り、重ねたガレットに巻く。その上からリボンを巻いて結ぶ。

パウンドケーキをひと切れ包む

袋状のセロハンに、切ったパウンドケーキを入れる。太いレースを巻き、袋より少し長めにカットしてレースの端にピンとレトロ風のタグをつける。

キャラメルをキャンディのように

キャラメルをワックスペーパーで包み、両端をねじる。プラスチックのカップに入れてドット柄の布でふたをし、リボンでとめる。

マカロンを宝石のように

長方形に切った画用紙にワックスペーパーをのせ、マカロンとともに袋状のセロハンに入れる。上からリボンをかけ、シールをはって固定する。

ガラス瓶に想いを込めて

クッキーを1枚ずつ乾燥剤と一緒にセロハンで包む。ガラスの瓶いっぱいにクッキーを入れる。

スノーボールのかわいさを引き立たせて

紙の箱にクッキーを詰め、その上からクッキーにあたらないようにセロハンで包む。フォークのクラフトを結び目に飾る。

ラッピングのテクニック

ラッピングアイデア集

ラッピングに規則はありません。身近なものをとり入れるのもひとつのアイデア。普段は捨ててしまう卵のケースなどもちょっとした工夫でラッピングに大活躍します。

身近なアイテムでラッピングができます

お菓子専用の箱がなくても、紙カップなどを使ってケースにすることができます。ほかに、小さめのペットボトルやコーヒーフィルターなどもアレンジに最適です。

紙カップ

無地なら絵を描いたり、布をはったりしてもかわいくなる。プラスチックカップも使える。

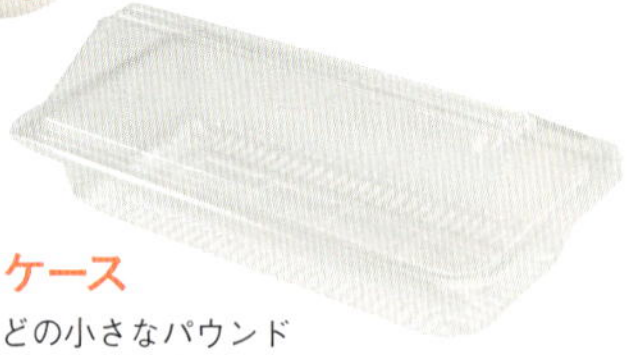

おにぎりケース

直径12cmほどの小さなパウンドケーキがすっぽり入る。クッキーをたくさん入れてもOK。

卵ケース

溝にトリュフやクッキーなど小さいお菓子を入れられる。よく洗って乾かしてから使う。

添えると喜ばれるプチプレゼント

デザートタイムをより楽しめるアイテムをお菓子に添えましょう

ドリンク

お菓子と一緒に楽しめる飲み物

紅茶やハーブティ、フレーバーティのティーバッグのほか、かわいい形のシュガーなどを添えるとよい。

カトラリー・コースター

実用性もあって嬉しい贈りものに

お菓子を食べるためのスプーンや、飲み物のためのカップやコースターなど、のちに使えるものを。

ギフトBOXのアレンジ

シンプルな箱に手を加えれば、お店に負けない完成度に

ケーキ１ピース分から、数個入るサイズまで、サイズは大小ある。お土産に渡すお菓子にも最適。

失敗なしの簡単デコ ピンクでまとめてキュートに

色紙を手持ち部分の内側の幅に合わせてカットする。箱に一周させ、上からリボンで巻いて結ぶ。

シールとリボンで シックな印象に

箱の側面の上と下にマスキングテープを一周はる。中央を紙製のリボンで巻き、中央にシールをはってとめる。

スプーンをつけて ピクニックモチーフに

箱の外側に柄入りセロハンをはってポケットを作り、お菓子を食べるのに使うスプーンを入れる。

こんなものも BOXがわりに使える！

もらったお土産の箱や缶、ジャムなどが入っていた瓶はラッピングに再利用できる。お弁当用のおかずカップはトリュフの入れものなどに。

缶

瓶

おかずカップ

お菓子用 ギフトBOXの種類

外側がクリームのお菓子、型くずれが心配なお菓子は、専用の箱に入れましょう。

ロールケーキ用

ドーム状で縦長のロールケーキを入れるための箱。贈り物の場合は外側にクリームはぬらないほうがよい。

マフィン用

高さのあるマフィンがふたつ入る箱。アイシングしたカップケーキなどを入れても。

ケーキ1ピース用

切り分けたケーキ１ピース分が入る大きさの箱。小さめのパウンドケーキを入れてもOK。

チョコレート用

型抜きチョコやトリュフ、生チョコなどは、仕切りのついた箱に入れると高級感のある演出に。

ラッピングのテクニック

ラッピングの悩み解決

お菓子の油分でセロハンがベタベタになったり、ふりかけた粉砂糖が消えたり……。仕方がないと、あきらめてはいけません。少しこだわるだけで、完成度がぐんと上がります。

お菓子をラッピングするときの悩み

油分やクリームが包装紙につかないように、手を洗って作業しましょう

悩み1
油じみができる

油分の多いお菓子は、ペーパーで包むと油がしみ、ラッピングしたときに指紋がつきやすい。

これで解決！

ワックスペーパーで油じみを防止

パラフィンで作られたワックスペーパーは耐水性がある。お菓子の下に敷いてから包むとよい。

悩み2
粉砂糖が消える

お菓子の仕上げに、粉雪のようにまぶした粉砂糖は時間がたつと生地に吸収されて見えなくなる。

これで解決！

消えない粉砂糖を使うと長時間保てる

製菓材料専門店に売られている、油脂でコーティングされた粉砂糖を使うのがおすすめ。

悩み3
保冷剤がかわいくない

保冷剤やお菓子をラッピングしたときに一緒に入れる乾燥剤が目立つ。業務用の雰囲気がして手作り感が薄れる。

これで解決！

包んでかわいくする

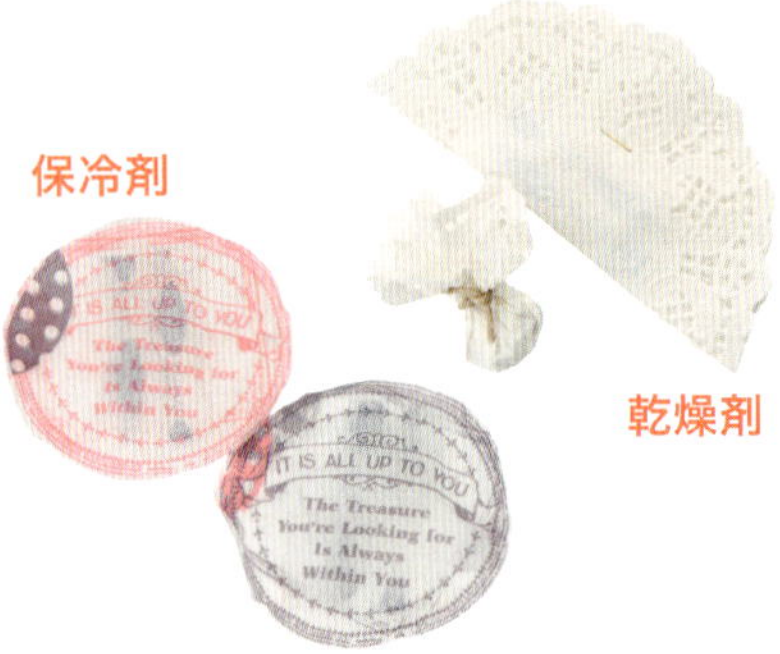

レースペーパーや袋に入れる。乾燥剤は通気口を作って包み、保冷剤はぬれてもよい素材を使うこと。

第5章

お菓子作りの材料

お菓子作りの基本材料①

小麦粉

小麦粉のもつ力を発揮させたり、抑制させたりすることでお菓子の生地の特徴がかわります。

お菓子のふくらみを助けボディを作ります

小麦粉にはタンパク質が含まれています。このタンパク質の量が多いものから順に、強力粉から薄力粉まで4段階に分類されます。

タンパク質は水と合わせると「グルテン」と呼ばれるねばりのある物質を形成し、グルテンが多いほど生地に弾力が出ます。お菓子作りではスポンジ生地のようにふんわりとした食感が必要なため、主にグルテンの弱い薄力粉を使います。

また、小麦粉にはタンパク質のほかに「でんぷん」も含まれます。でんぷんは加熱することでねばりを出し、生地のふくらみを助けます。

小麦粉のもつ弾力とねばりは、バターや砂糖などほかの材料を足すことで引き出したり、抑制したりできます。これを利用して生地の骨格を作り出しているのです。

小麦粉の種類

中力粉

麺類に使われることが多い

粉の粒はやや細かく、タンパク質含有量は8.5～10.5%。強力粉と薄力粉の中間的なはたらきがあり、麺作りに適する。

用途は

- 中華麺
- パイ生地
- うどん　など

強力粉

お菓子作りでは打ち粉に

粉の粒が粗く、タンパク質含有量は11.5～13.5%。グルテンが多く形成されるので、強い弾力が出る。お菓子作りでは打ち粉として使うことが多い。

用途は

- パンの生地
- 折り込みパイ生地のデトランプ
- カステラ　など

薄力粉

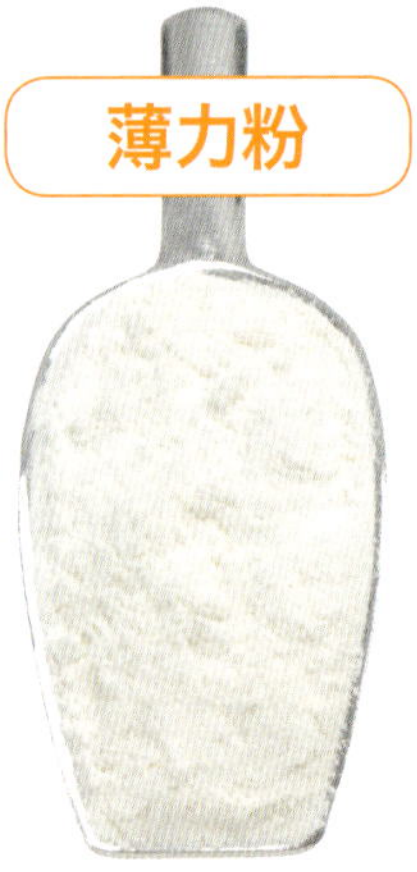

お菓子に最適な小麦粉

粉の粒はごく細で、タンパク質含有量は7.0～8.5%。グルテンの形成が少ないので、弾力は弱め。ほとんどのお菓子作りに使われる。

用途は

- スポンジ生地
- シフォンケーキ生地などほとんどのお菓子に

準強力粉

パン作りに適した粉

粉の粒はやや粗く、タンパク質含有量は10.5～11.5%。グルテンの形成はやや多めなので、やわらかめのパンや麺類などを作るのに用いられる。

用途は

- パン
- 中華麺　など

でんぷんと水が混ざると、とろみがついてくる。ただし、糊化後に生地を冷ますとかたくなるので注意。

糊化が起こると…

熱すると、生地中の水分をでんぷんが吸収する。焼き上がりに生地がふくらむのは糊化によるもの。

小麦粉の効果①

ふんわり感を生み出す

加熱することで、でんぷんの「糊化《こか》＝α化」が起こります

小麦粉の成分の約70％はでんぷんです。粒状のでんぷんは、加熱して水を吸収することで粒が大きくなり、のりのようなねばりのある物質になります。この現象が「糊化《こか》」です。シュー生地のふくらみは、この糊化を上手に利用しています。バターの油脂でグルテンの形成を抑えつつ、87℃以上の湯（バター液）に小麦粉を溶いて、でんぷんのねばりを引き出します。また、シチューのルウのとろみもこの作用を利用しています。

「糊《こ》化《か》」の粘度には違いがあります

糊化を利用したり抑えたりすることでお菓子の食感に特徴が出ます

弱 ← 粘度の強さ → 強

タルト生地は
ねばりを抑える

ホロホロとした食感を出すには、糊化を最小にとどめたい。そのため、タルト生地は水分量を少なくし、できるだけ混ぜず、加熱は焼くときだけに。

カスタードクリームは
なめらかなねばり

卵黄と砂糖、少量の小麦粉を混ぜ、牛乳を加えて加熱すると、ほどよい濃度のクリームができる。冷ますと粘度が増し、混ぜるとなめらかになる。

シュー生地は
よくねばりを出す

85℃以上の液体の中に薄力粉を加えて火を通すと、ほどよいねばりがつく。さらに卵を加えることにより、空洞のある生地が焼ける。

グルテンの正体は…

＝

小麦粉 ＋ 水 ＋ こねる

グルテンの弾力を確認

写真は強力粉を使用。小麦粉に水を加えて練った生地を洗うと弾力のあるかたまりが残る。これがグルテンの正体。

小麦粉の効果②

弾力のある生地ができる

ねばりと弾力のある「グルテン」という物質ができます

小麦粉には２種類のタンパク質（グリアジンとグルテニン）が含まれています。水を加えて練ることで２種がからまり、「グルテン」という物質を作ります。

グルテンの性質はねばりと弾力です。パイ生地などを麺棒でのばすとき、切れずに薄く広げることができるのはグルテンのおかげなのです。スポンジ生地を作るときには、前述した小麦粉の糊化《こか》のねばりを、グルテンの構造がくずれないように支える役目を果たします。

グルテン形成に影響を与える要因

① 使う小麦粉の種類
② 加える水分の量
③ 混ぜる、こねる回数
④ 小麦粉に合わせるほかの材料のはたらき
⑤ ほかの材料と合わせるタイミング

「小麦粉＋?」合わせる材料によって影響が！

グルテンを弱める

＋

アルコール

リキュールや洋酒を小麦粉に混ぜてこねると、アルコール分でグリアジンが溶け、粘度が弱まる。

＋

酸

レモンや酢と小麦粉を混ぜてこねると、酸でグルテニンが溶ける。そのため粘度の弱いグルテンが形成される。

＋

砂糖

砂糖と小麦粉を混ぜて水分でこねると、砂糖が先に水分を吸収するため、グルテンの形成が弱くなる。

＋

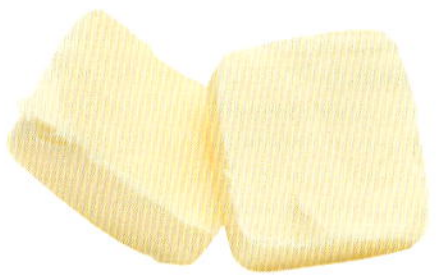

油脂

バターや油を小麦粉と混ぜて水分でこねると、小麦粉の粒子を油脂がおおい、水分吸収が妨げられて弱まる。

グルテンを強める

＋

塩

小麦粉に塩を入れて水分でこねると粘性が増し、弾力が強くなる。パン作りに塩を入れるのはこのため。

小麦粉の効果を高める作業

ねばりを出す、または抑制させるため次のような作業を行います

生地を練らない

ホロホロとした食感のタルト生地に弾力は不要。ただ、のばすためにグルテンが少しは必要なので切り混ぜる。

沸とうした液体に入れる

シュー生地は沸とうしたバター液に薄力粉を入れて85℃以上に熱し、ねばりが出るまで混ぜる。

生地を混ぜすぎない

スポンジ生地は薄力粉を入れたあと、グルテンの弾力が強くなりすぎないようにさっくりと混ぜ合わせる。

発酵させる生地に入れる

ドーナツなどの発酵菓子は強力粉を使う。強い弾力を用い、発酵時のガスを生地内にとどめてふくらませる。

デトランプに2種の小麦粉を使う

パイ生地のデトランプは強力粉と薄力粉を使う。生地にかたさが出て、バターとの層がはっきり分かれる。

のばしたあと休ませる

練ったり、のばしたりした生地はコシが強くてそのままではのばせない。余分な弾力を弱めるために休ませる。

小麦粉が原因で起こる失敗とは？

別立て生地は混ぜすぎるとだれて絞れない。

ふんわりとした生地は混ぜ方に注意

パータ・ビスキュイ（54ページ参照）を作るときは、小麦粉を入れたあと切るようにさっくりと混ぜることが大切。ツヤが出るまでしっかり練り混ぜてしまうと生地がだれて広がり、焼いたときにカチカチにかたくなる。

休ませているときにはこんなことが起こっています！

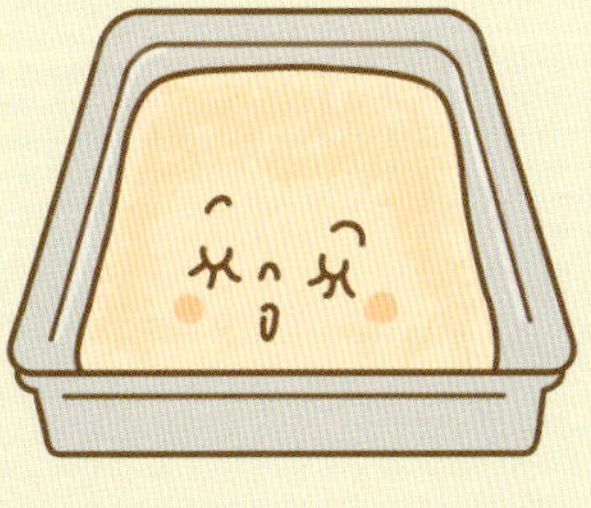

無理矢理のびた状態になったグルテンの構造が切れて全体に余裕が出るため、のばしやすくなる。

お菓子作りの基本材料②

砂糖

甘さを感じさせる以外に、こんがりとした焼き色やツヤを出すなど、さまざまなはたらきがあります。

砂糖の種類によって風味やはたらきが違います

砂糖はさとうきびなどに含まれるショ糖（甘味の主成分）を原料に作られます。粒の大きさ、製造方法、風味の違いなどによって種類はさまざまです。かつてフランスではグラニュー糖が主流だったため、洋菓子作りには今でもよく用いられます。

生地やクリームに混ぜる砂糖は、その中の水分に溶けます。形は見えなくても、泡立ちを助けたり、焼き色をつけたり、乾燥を防いだりなどの作用は砂糖のおかげです。よく、甘さを控えようと砂糖の量を減らしてお菓子を作る人がいますが、砂糖の作用も弱まるので、失敗が起こりがちです。

また、タルト生地のように材料中に水分が少ない場合、グラニュー糖を使うと焼いたとき結晶が残って見た目も味も悪くなるため、粒の細かい粉砂糖を使います。

砂糖の種類

粉砂糖

グラニュー糖をすりつぶした粒の細かい砂糖のこと。生地にふりかけて使うことが多い。

三温糖

上白糖やグラニュー糖精製の際に残った糖液を加熱して作られる。加熱により褐色をしている。

グラニュー糖

お菓子作りに最もよく使われる。結晶が小さく、ほぼショ糖から構成される。

上白糖

日本では定番の砂糖。ビスコという転化糖液と水分を含んでおり、甘みが強い。

製菓用砂糖

カソナード
さとうきびから作られ、ほかに黒砂糖なども。

転化糖
ショ糖をブドウ糖と果糖に分けたもの。

メープルシュガー
メープルシロップを煮詰め、結晶化したもの。

パールシュガー
生地に入れて焼いても溶けにくく結晶が残る。

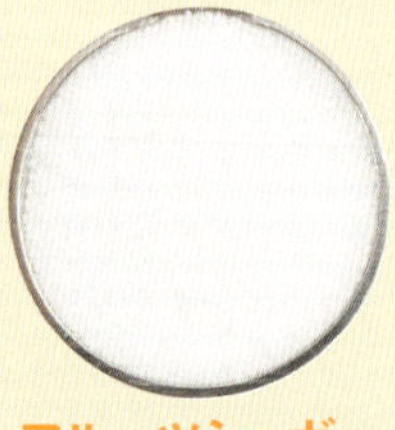

フルーツシュガー
果物やはちみつに含まれる糖。糖度が強い。

砂糖の親《しん》水《すい》性《せい》の特徴

特徴1　「吸湿性《きゅうしつせい》」がある

砂糖が水分を吸着する性質のこと

卵を泡立てるときに砂糖を加えると、卵の中の水分について、気泡が壊れにくくなる。ジャムを作るとき果物の水分に砂糖がつくと微生物の繁殖を妨げ、保存性が高まる。

スポンジ生地を作るとき。溶けた砂糖が卵全体に回って、気泡が安定する。

特徴2　「脱水性《だっすいせい》」がある

材料の水分を奪う性質のこと

ジャムを作るとき、生の果物に砂糖をまぶしてしばらくおいておくと、砂糖によって果物の外側の糖度が上がるので、一定に近づけようと内側の水分が出てくる。

いちごに砂糖をまぶして約30分おくと、水分が出てくる。

特徴3　「保《ほ》水性《すいせい》」がある

吸湿性によって砂糖と結びついた水分を保持する性質のこと

メレンゲがしばらくたっても形を保っていたり、スポンジ生地が焼いたあとにしっとりとしていたりするのは、保水性によるもの。

卵白を泡立てただけだと泡が消えてしまうが、砂糖を入れると水分を抱え、ツヤがよくなる。

砂糖の効果①

水と結びつきやすい

砂糖の「親水性《しんすいせい》」という性質を利用します

砂糖は水となじみやすく、この性質を「親水《しんすい》性《せい》」といいます。親水性には水分を奪う「脱水《だっすい》性《せい》」、水分を吸着する「吸湿性《きゅうしつせい》」、さらに吸着した水分を保持する「保《ほ》水性《すいせい》」があります。お菓子作りで使う水分とは、水のほかに卵白、牛乳、生クリームなどをさします。生地に砂糖を入れて混ぜると、生地中の水分と結びつくため、焼いたとき水分が蒸発しすぎず生地中に保たれるため、しっとりとした食感に仕上がるのです。

砂糖の量によってこんな失敗が起こります！

お菓子には適度な水分が必要。砂糖が少ないと水分を保てず、多いと生地がやわらかくなってしまう。

砂糖が少ないとしっとり感が失われる

砂糖があると生地中に適度に水分が残り、しっとりとした食感になる。少ないとぱさぱさに。

砂糖が多いと焦げたり、固まらなかったり

砂糖が多すぎると、焦げやすくなったり、卵などを泡立てるとき、分離しやすくなったりする。

砂糖は3回に分けて入れる

グラニュー糖は粒が大きいので量が多いと溶けにくい。ホイップクリームやメレンゲのようなしっかりした泡は最初から砂糖がたくさんあると泡立ちにくいので、3回に分けて加える。

グラニュー糖を分けて加えることで、かたさのある理想の泡立ちに。

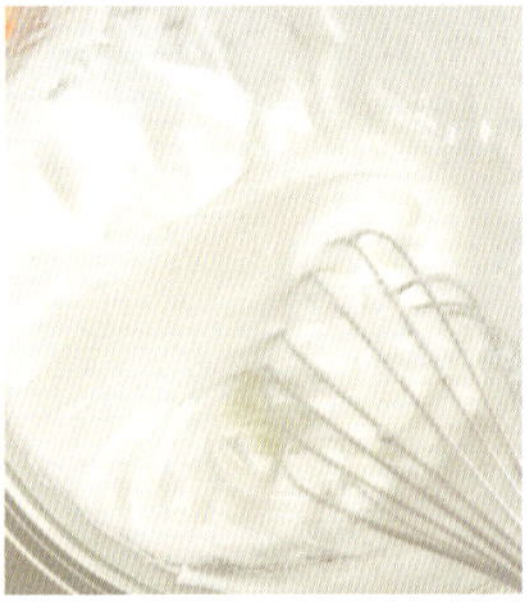

砂糖の効果②

泡立てを助ける

砂糖の「吸湿性《きゅうしつせい》」を利用してさまざまな材料を泡立てます

前のページで説明したように、砂糖は水分と結びつく性質があります。その中でも、泡立てを安定させる吸湿性は、お菓子作りによく利用されます。

卵白からできるメレンゲ、生クリームからできるホイップクリームなどは攪拌して泡立てます。その泡立ちにふんわり感を出し、それを維持できるのは砂糖のおかげです。ただし、泡立てに使う材料によって、砂糖の量や加え方が異なるので調節をしましょう。

砂糖を入れて泡立てる作業

ほかの材料に砂糖がどのようにはたらきかけるのかを知りましょう

バターと…

バターケーキ生地を作るとき。バターに砂糖を加えたら、白くなるまで混ぜて空気を含ませる。

全卵と…

パータ・ジェノワーズを作るとき。砂糖ははじめに入れる。白く、リュバン状になるのが理想。

生クリームと…

ホイップクリームを作るとき。砂糖は3回に分けて入れ、泡立ちを少しずつ安定させる。

卵白と…

イタリアンメレンゲを作るとき。砂糖は熱し、シロップにして卵白に熱を通しながら加える。

砂糖の効果③

きれいな焼き色がつく

食欲をそそる色と風味が出ます

生地を焼くときに砂糖が小麦粉に含まれるアミノ酸と一緒に加熱されると、茶色の焼き色がつきます。これを「メイラード反応」と呼びます。ちなみに、砂糖単独では約140℃から色がつきはじめます。

オーブンでの加熱で色がつく

生地を焼き上げたときに、きつね色になるだけでなく、香ばしい風味もただよってくる。

仕上げに焼き色をつける

でき上がったお菓子に粉砂糖をふりかけ、バーナーであぶると表面が焦げて焼き色がつく。

砂糖の効果④

加熱するとねばりが出る

飴細工やキャラメルなどは砂糖のねばりを利用します

もともと結晶化している砂糖を一度溶かして115℃まで加熱すると、砂糖が違う形の結晶になり、これを「再結晶」と呼びます。この結晶は温かいうちならやわらかいので練ることができます。

キャラメルソースがとろりとねばる

110℃前後のころは薄い黄色で、少しとろみのある状態。アイスや果物にかけるのによい。

熱する温度が高いとかたさもかわる

左から生キャラメル、ソフトキャラメル、ハードキャラメル。温度が高くなるにつれてかたくなる。

カラメルソースでふたつの効果がわかる！

砂糖は温度が上がるにつれて色濃くなり、さらにねばりも強くなります

水に砂糖を溶かして沸とうさせたころ。まだ色はついていない。

弱火にし、しばらく沸とう状態を続けると薄い黄色になってくる。

さらにしばらく熱すると、茶色になってくる。液体に濃度がついてくるころ。

水分が減り、とろりとしたかたさが出る。色も濃い茶色になれば完成。

お菓子作りの基本材料③

卵

プリンのなめらかさ、スポンジ生地やメレンゲのふくらみを生み出すのが主なはたらきです。

全卵、または卵白と卵黄に分けて使う理由とは？

泡立つ性質のある卵白はメレンゲに、独特のコクのある卵黄はカスタードクリームに使われます。お菓子作りには卵白、卵黄、または両方のもつ性質のうち、どの部分を発揮させるかによって使い分けます。

卵に熱を通すと、卵黄は約70℃で、卵白は80℃以上で固まります。お菓子作りでは湯せんをしたり、生地を焼いたりするときには、熱の入る温度と時間差に注意しないと失敗につながります。

また、お菓子作りでは鮮度のよい卵を使うことをおすすめします。使う前に塩水に入れてみて、沈むものが新鮮な卵です。直立するようなら、やや鮮度が落ちている証拠です。

古いものは立つ。右が新鮮。

卵黄と卵白の分け方

1 作業台に卵を軽く打ちつけてひびを入れる。ボウルの縁に打ちつけると殻が内側に入るので避ける。

2 殻のひびが入った部分から半分に割る。片方の殻に黄身を入れ、ボウルに卵白を落とす。

3 さらにもう片方の殻に卵黄を移し、卵白をきれいに落とす。卵黄は違う容器に入れる。

卵黄

$\frac{2}{3}$が脂質、残りの$\frac{1}{3}$がタンパク質から成り立つ。脂質には「レシチン」という物質があり、ほかの材料と乳化するはたらきがある。

卵白

約88％は水分でできている。残りのほとんどはタンパク質で、脂肪は含まない。卵黄を保護する役割をもち、混ぜると泡立つ。

卵白の泡立ち

キメ細やかな泡立ちになるのが理想

卵白を混ぜると空気を十分に含んで泡立つ。このとき、砂糖を加えることで起泡性が抑制され（134ページ参照）、泡立ちがほどよく安定して形をとどめる。

卵の効果①

ふくらみを出す

卵白の「起泡性《きほうせい》」が泡立ちを作り出します

卵白を混ぜると大きな泡ができます。混ぜ続けると泡が細かくなり、ツヤのあるメレンゲに変身します。

卵白に含まれるタンパク質には表面張力を弱めるはたらきがあり、混ぜると空気を含んで泡立ちます。これを「起泡性《きほうせい》」といい、メレンゲが泡立つしくみです。

空気を含んだ卵白は、タンパク質の構造が壊れてかたくなるので、泡の形を保てます。また、卵黄も多少は泡立つ性質をもちます。

卵白の泡立ちを利用したお菓子

シフォンケーキ

メレンゲをつぶさないように生地と混ぜ合わせているため、生地が型いっぱいに大きくふくらむ。

スフレ

メレンゲとカスタードクリームを合わせ、湯せん焼きして作る。冷めるとしぼむので、できたてを食べる。

マカロン

メレンゲにアーモンドパウダーを加えて、低温で乾燥焼きをして作る。しっとりとした口溶けが特徴的。

マシュマロ

メレンゲに熱したシロップとゼラチンを加えて冷やし、形を整えてから冷暗所に半日おく。

全卵の泡立ち

湯せんをする

卵白にくらべ泡立ちが弱いので、人肌程度に温めて泡立てる。キメが細かく、すくうとなめらか。

加熱すると卵のコシが弱まり空気を含む。

卵黄の泡立ち

コシを切る

泡立ちが弱いので、ハンドミキサーでしっかり混ぜる。白っぽくなり、ねばりが出たらよい。

メレンゲと混ぜるときはさっくりと。

卵黄	(℃)	卵白
固まる	85	固まる
↑	80	↑
	75	
	70	
凝固開始	65	
	60	
	55	凝固開始

卵白と卵黄の固まる温度は違う

卵白は58℃くらいからゆるいゼリー状に固まりはじめ、80℃で透明部分が真っ白に固まる。卵黄は58℃では変化が起こらないが、65〜70℃を保つと流動性がなくなる。80℃では粉をふく。

凝固に影響を与える材料

砂糖
砂糖の保水性により、卵の水分が外に排除されにくくなり、固まりにくくなる。

牛乳・生クリーム
水分が多くなり卵が固まりにくい。ただし、少量なら、ミネラルによって凝固を強める。

卵の効果②

加熱すると固まる

卵白と卵黄では固まるのに時間差があります

卵に含まれるタンパク質は加熱すると固まる性質があり、これを「熱凝《ねつぎょう》固《こ》性《せい》」といいます。水分の多い卵白は火の通りがゆるやかなのに対し、卵黄はすぐ固まります。お菓子作りでは卵に牛乳や生クリーム、砂糖などを加え、性質をやわらげて用います。
固まる力が弱まることで、結果的にはやわらかく仕上がります。プリンやカスタードクリーム、アングレーズソースなどのお菓子の仕上がりがとろりするのはそのためです。

湯せんの温度をチェック!

卵黄は湯せんをするとコシが弱まり泡立ちやすくなる。熱が入りすぎないように注意を。

卵に火を通す　80〜90℃

ボンブ生地など卵黄とシロップや酒を混ぜて火を通すとき。温度が高いとふんわり固まらず、低いと火が通らず泡が消えるので湯は80〜90℃にする。

人肌に温める　60℃

全卵を泡立てるときなどに。卵黄は65℃以上で温めると固まるので、湯せんの湯は60℃にすると人肌程度に温まり、泡立ちやすくなる。

よく起こる失敗! プリンに「す」が入る

卵が急に固まると、生地の表面や中にぽつぽつと小さな穴があき、見た目が悪い。「す」が入るという。

湯せん焼きすることで全体が強い熱にさらされず、しっとりと蒸される。

加熱で固まる力を利用 プリンの温度調節

プリンを湯せん焼きするとき、オーブンの設定温度は160℃ほど。湯は100℃以上にならないので生地中の水分が蒸発せず、型のまわりの温度が上昇しにくくなるため、全体がゆっくりと加熱されてなめらかな舌ざわりに仕上がる。

卵の効果③

クリーム状に乳化する

水分の多い卵なのに油分のバターと混ざります

お菓子作りには油脂の多いバターと水分の多い卵を混ぜる工程がよくあります。本来、油分と水分は分離するのですが、卵黄には均一に混ざる力があります。水と油が混ざった状態を「乳化」といいます。
卵黄に含まれる「レシチン」という物質は油と水を引きつけ乳化を助けます。そのため、全体がクリームのようになめらかになるのです。卵の水分を全体に拡散させなければうまく乳化しないので、しっかり混ぜます。

分離

バターと卵を合わせはじめた状態、または温度が低く混ぜすぎた状態で、うまく混ざらずぼそぼそになる。

乳化

バターに溶いた卵を少量入れてかき混ぜ、さらに残りを入れて混ぜた状態。なめらかに混ざり合っている。

上手に乳化させるには

1

少量ずつ入れる

バターと卵を一度に合わせると卵がうまく分散しないので、「少量加えては混ぜてなじませる」作業をくり返す。

2

よく混ぜる

卵の水分をより細かくして分散させることで、全体に広がり乳化が安定する。また、分離しにくい状態を保てる。

油に「卵」を混ぜるなら

バターケーキやタルト生地に。バターに卵を少量ずつ混ぜる。

「卵」に油を混ぜるなら

スポンジ生地など。卵の入った生地全体にバターを散らして加える。

卵の効果④

のりの役割をする

生地に溶いた全卵をはけでぬり広げる。ほかの生地をはり合わせて焼くとつく。

卵には結着性がある。クッキー生地などに溶いた卵白、または全卵をはけでぬり、生地と生地とをつなぎ合わせるのに使う。

卵の効果⑤

ツヤを出す

卵白をぬるとつややかに、全卵をぬると黄金色に、卵黄をぬるとこんがりツヤのある焼き色になる。

卵は加熱すると照りが出る。パイ生地やシュークリームの表面などにぬってからオーブンに入れて焼くとつややかな色になり、見た目が美しい。

お菓子作りの基本材料④

牛乳・生クリーム

どちらも乳牛の乳を加工した乳製品です。お菓子にコクやまろやかさを与えてくれます。

乳脂肪分の違いによってお菓子への影響もかわります

牛の乳は加熱殺菌などをしてから加工され、牛乳になります。生クリームは、加工の際に乳牛の脂肪の多い部分を分離して製品にしたものです。

牛乳と生クリームでは、生クリームのほうが10倍以上の乳脂肪を含んでいます。生クリームが泡立つのは、乳脂肪の量が関係しています。混ぜることで乳脂肪の粒と粒とがぶつかり合って壊れ、そこに空気を取り込むのです。ふわふわとしたホイップクリームの泡立ちはこのはたらきを利用しています。

また、牛乳と生クリームの魅力は甘さを感じさせる独特の風味です。牛乳を多く入れるロールケーキやシフォンケーキの生地はやわらかくミルキーな味わいになります。生クリームを多く入れるババロアやムースの生地、ガナッシュはコクがありクリーミーに仕上がります。

牛乳と生クリームの違い

生クリーム

乳脂肪分35〜50%（動物性）で、お菓子作りには泡立ててクリームやムース生地などに使うことが多い。

牛乳

乳脂肪分3.7%で、お菓子作りには水分を補ったり、まろやかさを与えたりするのを目的として使う。

植物性

乳脂肪のかわりに、なたね油やヤシ油などの植物油脂を利用して人工的に作ったクリーム。

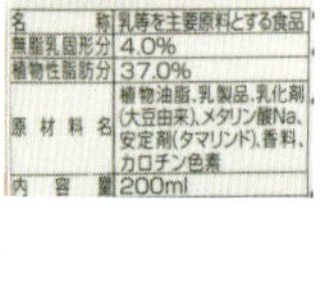

名称	乳等を主要原料とする食品
無脂乳固形分	4.0%
植物性脂肪分	37.0%
原材料名	植物油脂、乳製品、乳化剤(大豆由来)、メタリン酸Na、安定剤(タマリンド)、香料、カロチン色素
内容量	200ml

動物性

乳牛から作られる純粋なクリーム。お菓子作りには乳脂肪分40%前後のものが向く。

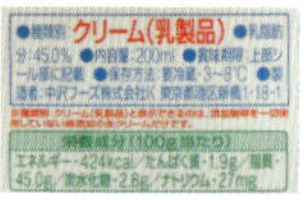

表示をチェック！

この乳製品もお菓子作りに活躍！

スキムミルク

牛乳から乳脂肪分と水分を除去した粉末状の脱脂乳。キャラメル作りなどに使う。

ヨーグルト

牛乳や脱脂乳に乳酸菌や酵母を加えて発酵させたもの。酸味があるので、使う量に注意する。

牛乳を入れるときのPoint

Point 1 温めてから加える

牛乳が冷たいとバターが固まったり、砂糖が溶けにくかったりするので、ほかの材料と混ぜるときは温めてから加えることが多い。

牛乳は60℃くらいから白い膜がはってくるので、混ぜながら温めるとよい。

Point 2 少量ずつ加える

バターなどの油脂が入った生地に牛乳を一気に加えると分離する。しっかりと乳化するよう少量ずつ加えながら混ぜるようにする。

「少量の牛乳を加えては混ぜる」作業をくり返しながらすべてを入れる。

牛乳の効果①

コクとやわらかさを与える

水分を補ってくれるので生地がやわらかくなります

お菓子作りにおける牛乳の主な役割は水分です。水分によって力を発揮することのできる、砂糖や小麦粉といった材料を支えています。さらに独特の風味が加わるので、お菓子がまろやかな味わいになります。

また、パータ・ジェノワーズに牛乳を足すとやわらかなロールケーキの生地になり、シュー生地に足すとパリッとした食感で色の濃いエクレア生地になります。このように牛乳で生地の特徴は大きくかわります。

Point 3 沸とうさせるときは鍋をぬらす

牛乳を沸とう直前まで温めると、タンパク質が鍋底にはりつきやすい。使う前に水で鍋をぬらしておくと水が膜になり、はりつきを防げる。

鍋底の細かな凹凸《おうとつ》にタンパク質が入り込み、水が膜を作る。

牛乳を多く入れるお菓子

シフォンケーキ
生地中の小麦粉や砂糖が水分をとり込んでふくらみが生まれる。

パンナコッタ
クリーミーでとろりとした食感は、生クリームと牛乳の力。

クレープ
牛乳を入れると流動性のある生地になる。また、焼き色も薄づきに。

エクレア
シュー生地よりかたくパリッとした食感。クリーミーな風味に。

ロールケーキ
スポンジ生地より水分が多く、焼き色が薄いやわらかな食感になる。

用途に合わせて泡立てる

デコレーションの絞り出しなどに使うクリームは、乳脂肪分35％以上のものがキメ細かく泡立つ。

6分立て

泡立て器を持ち上げたとき、やっとすくうことができるくらいのかたさ。とろりとゆっくり落ちる。

使い道はコレ！

チョコレートと混ぜるとき

チョコレートムースを作るときには、6分立てがちょうどよいかたさ。分離しないようにしっかりと混ぜ合わせる。

ホイップクリームの泡立てに砂糖を入れる理由

泡立てに砂糖を加えるのは、ふたつの目的がある。ひとつは、砂糖の保水性《ほすいせい》（133ページ参照）を利用し、泡立ちすぎを抑制して安定させるため。もうひとつは甘さを出すため。ババロア生地の場合は泡立ては弱めでよく、あとから合わせる生地に砂糖が入っているので砂糖なしで泡立てる。ただし、安定性がないので泡立てたらすぐにほかの生地と合わせること。

生クリームの効果①

泡立てを調節できる

使い道によって泡立て加減を変化させます

生クリームは牛乳と同様に味にコクを与えるほか、「起泡性《きほうせい》」を兼ね備えます。

泡立ちのしくみは140ページで紹介した通りです。卵白のメレンゲとは空気のとり込み方が違うので、かたさに強弱をつけられます。

泡立てのかたさは10段階に分けられ、お菓子作りでは6～8段階を主に使います。

ただし、生クリームは5℃以上になると気泡性が弱まるので、冷たい状態をキープしながら泡立てなければなりません。

泡立ちのしくみ

気泡を含んでふくらみを安定

乳脂肪の粒と粒とが、混ざるときの刺激でぶつかり、構造がくずれる。そこに空気がとり込まれ、空気のまわりに乳脂肪の粒がつく。空気を含んだ構造になることで気泡がくずれにくくなる。

5℃以下を保って泡立てる

生クリームを入れたボウルの下に、氷水を入れたボウルをあて、冷たい状態にして泡立てる。

温度が高いと…

生クリーム中の乳脂肪と水分が分離し、ぼそぼそになる。泡立てすぎも同様に分離する。

9分立て

クリームを持ち上げたときにしっかりとした角が立つ。クリームにかたさがあり、泡立て器から落ちない。

使い道はコレ！

カスタードクリームと混ぜるとき

ディプロマットクリームを作るとき。カスタードクリームに押し込むように混ぜる。

8分立て

クリームを持ち上げたときにやわらかい角が立つ。泡立て器ですくうことができる。

使い道はコレ！

ムースの生地を作るとき

ムースと同じかたさにして混ぜる。クリームは8分立てがちょうどよい。

7分立て

クリームを持ち上げたときに、泡立て器に泡がかたまってつき、ぼとりと落ちる状態。

使い道はコレ！

ケーキにぬるとき

生地と生地の間にクリームをはさみ、生地の中心にクリームを落とす。

パレットナイフを寝かせて持ち、クリームを生地全体にぬり広げる。

流れたクリームを側面に広げていく。全体にぬったら一度、冷蔵庫で冷やすとよい。

デコレーションで絞るときに

クリームにかたさが出てくる8～9分立ては、口金で絞り出すことができる。

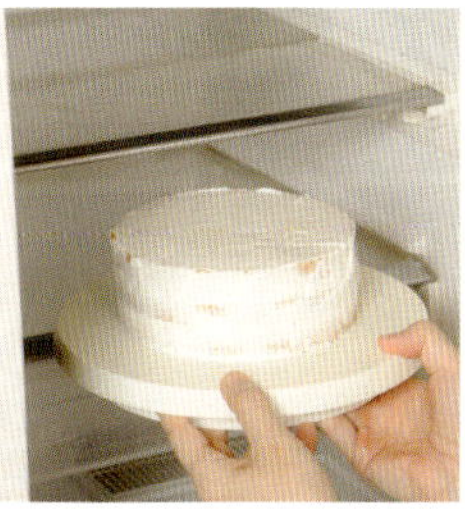

生地に7分立てのクリームをぬったら、一度冷蔵庫で冷やす。冷え固まったクリームの上に、絞り出すときれいに仕上がる。

お菓子作りの基本材料⑤

バター

オーブンから出したお菓子が放つ、食欲をそそる芳醇な風味。これはバターのおかげです。

お菓子作りには無塩バターを使うのが基本です

バターは生クリームを撹拌して分離させ、練って加工したものです。ほとんどが乳脂肪の油分から成り立っていますが、約17％の水分も含みます。

料理と違い、お菓子作りではバターを大量に入れます。塩分を含んだバターだと塩味が入って全体の風味が悪くなるため、無塩バターを用います。

お菓子作りの失敗のほとんどが、バターのかたさを守らなかったのが原因といっても過言ではありません。パイ生地作りではかたい状態で使い、やわらかいとベタベタしてきれいに折れなくなります。逆に、スポンジ生地はバターを溶かして加えます。冷たいとほかの材料とうまく混ざりません。レシピを見るときには、必ずどのくらいのかたさで使うのか確認し、下準備の段階で調節しておく必要があります。

バターの種類

無塩バター

製造の途中に塩を添加していない。そのため、バター本来の風味をいかすことができる。

製菓用に低水分バターも！

通常、バターには約17%の水分が含まれているが、製菓用に14%に抑えたバターがある。のびがよく、パイ生地などに最適。

発酵バター

製造途中で乳酸発酵させたバター。通常のバターよりも風味が強く、フランスのお菓子作りでは主流。

お菓子作りに使う油脂いろいろ

サラダ油

精製された植物性の油。バターにくらべ風味は弱いが、クセがない。

ショートニング

植物油にガスなどを注入し固形にしたもの。ドーナツなどの揚げ油に使うことも。

マーガリン

植物油が原料のバターを模した加工品。風味はバターより弱い。

バターの形状変化

かため

冷たくしたバター

冷蔵庫から出してすぐのかたい状態を、切り混ぜる。タルト生地やパイ生地などに使う。

室温にもどしたバター

冷蔵庫から出してしばらくおいたやわらかい状態。チーズケーキ、バター生地などに使う。

溶かしバター

湯せんにかけてほどよく溶かした液体の状態。スポンジ生地、シュー生地などに使う。

焦がしバター

バターを火にかけ、泡立ったあとに濃い茶色になった状態。フィナンシェ、マドレーヌなどに。

やわらかめ

バターの効果①

形状をかえられる

生地に合わせてバターのかたさを使い分けます

バターは油脂の中に水分を含んで乳化しています。そのおかげで、温めると水蒸気になって溶け、逆に冷やすと固まる性質があります。お菓子作りではこの性質を利用し、速成パイ生地を作るときには固まった状態で生地にとり込みます。逆に、スポンジ生地やシュー生地などでは溶かしてからほかの材料と混ぜ合わせます。また、フィナンシェを作るときには焦がしたバターを加えて香ばしい風味を強くします。

クリーム状のバター

ブランシールすることが大切

室温にもどしたバターを混ぜると空気を含み、白いクリーム状になる。これを「ブランシール」という。

生地に混ぜるバターは60℃で湯せん

低温 ドロドロになる＝混ざりにくい

高温 サラサラになる＝混ざりやすい

澄ましバターとは?

冷蔵庫で冷やし固めると油脂部分が出る。(下は水分の「乳しょう」、上は「澄ましバター」)

湯せんで溶かしたバターの上澄み部分を取り出したもの。コクや風味をつける場合や水分を入れたくない場合に使う。

クッキー生地のサクサクの秘密

室温にもどしたバターをすり混ぜて
白いクリーム状にし、砂糖、卵黄、薄力粉を
入れて混ぜる。

白っぽくなるまでよく混ぜる

バターを泡立て器でよくすり混ぜると、空気を含んで白っぽい状態になる。

練らないように混ぜる

薄力粉を入れたら、グルテンが形成されないようにさっくりと手早く混ぜ、均一にする。

バターの効果②

サクサクの食感を生む

バターのかたさが残るうちに作業が必要です

パイやクッキーなどは口に入れた瞬間、ホロホロとくずれるような食感が魅力です。

バターには「ショートニング性」という性質があります。これは、小麦粉の中に薄い膜状に広がってグルテンの形成（130ページ参照）を妨げるはたらきです。グルテンが弱まるので生地がほとんどふくらみません。

バターを溶かさず、少しかたさのある状態で生地に混ぜ込むことでサクッとした食感に仕上がります。

パイ生地のサクサクの秘密

パイ生地はのばすために
薄力粉のグルテンのはたらきが必要なので、
妨げすぎないようにする。

生地の中にかたまりを残す

速成パイ生地の場合、かたいバターを切り混ぜ、形が残っているくらいに混ぜる。

溶けたバターの蒸気で生地が持ち上がる

三つ折りして高温で焼くと、生地と生地との間のバターが溶けて空洞になり、層ができてサクッとする。

タルト生地のサクサクの秘密

シュクレ生地は室温に
もどしたバターを使う。
ブリゼ生地は冷たいバターを切り混ぜる。

シュクレ生地は空気を含ませる

バターと砂糖を泡立て器で白っぽくなるまで混ぜ、薄力粉を加えてさっくり混ぜる。

ブリゼ生地は砂状にする

冷やした薄力粉とバターを切り混ぜたあと、両手で手早くすり合わせ、サラサラの砂状にする。

バターの効果③

のばすことができる

可塑《かそ》性を利用して粘土のようにのばします

かたいバターはたたくなどして、粘土のようにのばすことができます。これを「可塑《かそ》性」といい、13〜18℃が適温です。折り込みパイ生地の練り生地と一緒に折るバターは、この状態を保ったまま使います。

指で押してへこむくらいではやわらかすぎる。

冷たくかたい状態からのばす

下準備の「室温にもどす」ときのかたさでは、やわらかすぎる。麺棒などでのばすことはできないので、必ずかたい状態のものを使う。

折り込みパイ生地のバター

1 **麺棒でたたいてのばす**

冷たくかたいバターをラップで包み、麺棒で押して可塑性のあるかたさにする。

2 **麺棒で広げる**

ほぐれてきたら麺棒を転がして手早くのばし、形を整える。

3 **折れないかたさがよい**

両手で生地を持ち上げ、軽く曲げたりしたときに、ひびが入ったり折れたりせずに曲がるかたさがよい。

バターが溶けるとベタベタに

室温や手の温度が伝わって温まるとパイ生地に折り込んだバターが溶け、生地がだれてやぶれやすくなる。

バターの効果④

風味を与える

加熱することで風味が広がります

加熱するとさらに味わいに深みが増します。焦がしバターにしたときの香ばしい香りは、バターにタンパク質が含まれているためです。砂糖のメイラード反応（135ページ参照）と同様の作用がはたらき、香りを発します。

食べるごとに口に広がる風味

食欲をそそる焼き菓子の風味は、バターがたくさん含まれているため。

バターと卵を混ぜるときは乳化させる

乳化した状態

ブランシール（白っぽくなるまで混ぜる）したバター（油分）に室温にもどした卵（水分）を入れる。

泡立て器でよく混ぜると全体が均一に乳化し、クリーム状になる。

分離した状態

粒のようにボロボロの状態になる。

お菓子作りの失敗のもとに！

うまく混ざらないとバターと卵が反発し合い、ボロボロとした状態になる。お菓子を作ると口あたりが悪い。

お菓子作りの基本材料⑥

チョコレート

室温ではかたいのに口に入れるとさっと溶ける。チョコレートの口溶けは温度が重要です。

溶かしたチョコレートを放置すると口溶けが悪くなります

「チョコレート」はカカオ豆を原料とするお菓子の総称です。製菓に使うチョコレートは、油脂分の「カカオバター」と風味のもと「カカオマス」からなり、さらに砂糖や粉乳などの乳成分から構成されています。

固形のチョコレートを型抜きチョコやボンボンなどのお菓子にするには、一度溶かす作業が必須です。溶かすと、チョコレートの中の構造が微妙に変化します。ちょうどよい温度で固めると、ツヤと口溶けのよいチョコレートへと生まれかわります。溶かしたあとただ固めただけでは、口溶けも見た目も悪くなります。

トリュフのように外側にツヤを出すには温度調節（テンパリング）が必要です。チョコ菓子作りの難関といわれる作業ですが、くり返すと加減がわかってきます。

チョコレートの種類

ビターチョコレート

スイートチョコレートのうち、カカオ分が多いもの。色が濃く、甘みがほとんどないので苦い。

カカオマス	砂糖
多い	少ない
カカオバター	**乳成分**
○	×

スイートチョコレート

お菓子作りによく使う一般的なチョコレート。カカオ分が多めで風味が強い。

カカオマス	砂糖
○	○
カカオバター	**乳成分**
○	×

ミルクチョコレート

カカオ分は少なめで、脱脂粉乳などの乳成分が含まれる。苦味は弱め。

カカオマス	砂糖
○	○
カカオバター	**乳成分**
○	○

ホワイトチョコレート

カカオマスを除き、乳成分を多く含む。苦味はほとんどなく、まろやかな味。

カカオマス	砂糖
×	○
カカオバター	**乳成分**
○	○

ガナッシュの作り方

1 刻んだチョコレートに沸とうさせた生クリームを加え、自然に溶けるのを待つ。

2 中心から円を描くようにゆっくりと混ぜ、全体をなめらかな状態にする。

3 バターを入れるレシピの場合は、全体が混ざったタイミングで混ぜる。

4 全体が混ざり、なめらかな状態になればでき上がり。涼しい場所で冷まして使う。

温度が低いと生クリームが分離

生クリームが冷たい状態だとうまく混ざらず、ぼそぼそになる。湯せんにかけて温めるともとの状態にもどせる。

生クリームの温度が低いとチョコレートが溶けず、しっかりと乳化しない。カカオバターと生クリームが分離し、食感が悪い。

チョコレートの効果①

口溶けのよさ

生クリームと混ぜると濃厚な味わいのガナッシュに

チョコケーキやトリュフのようなクリーミーな味わいは、チョコレートと生クリームを混ぜた「ガナッシュ」を作ることで生まれます。

チョコレートはカカオバターの油分が多く、また牛乳や生クリームは水分の中に乳脂肪があり、そこに乳化剤が含まれます。そのため、両者は混ぜると乳化することができます。

ただし、一度にすべてを混ぜると分離し、舌ざわりが悪くなるので、少しずつ乳化させてなじませます。

ガナッシュとは

チョコレートと生クリームを混ぜたもののこと。トリュフにしたり、マカロンにはさんだりして使うことができる。

ガナッシュを使うお菓子

- トリュフ
- ボンボン
- マカロン
- 生チョコ
- チョコレートケーキ
  など

扱い方が悪いと品質が落ちます

チョコレートは急激な温度変化に弱い。分離した状態で冷やしたり、チョコレートの中の砂糖が溶け出したりすると口溶けが悪くなりざらざらする。この状態を「ブルーム現象」と呼ぶ。

ブルーム現象が起こると、チョコレートの表面が白い筋状になり、見た目も味も悪くなる。

テンパリング（フレーク法）

溶かしたチョコレートに、さらに刻んだチョコレートを入れて温度を調節します。

材料

ビターチョコレート…300g

板状のチョコレートを用意する。テンパリングに適したクーベルチュール（167ページ参照）がおすすめ。

1 チョコレートを包丁で刻む。かたいので、真上から両手で押さえながら少しずつ切るとよい。

2つに分けて刻む

⅔量は1～2cm角に、残りは細かなフレーク状に刻んで分けておく。

そのほかのテンパリング

タブリール法

大理石に広げて均一に温度を下げる

冷たく熱が伝わりにくい大理石の性質を利用する。溶かしたチョコレートを大理石の台の上に広げて混ぜ、温度を31～32℃に冷ます方法。

水冷法

一度低い温度にして調節する

チョコレートを湯せんにかけて溶かし、ボウルに水をあてて28℃まで温度を冷ます。再び湯せんにかけて31～32℃に調節する方法。

チョコレートの効果②

ツヤと口溶けがよくなる

黒い光沢のツヤを出すには「テンパリング」が必要です

デコレーションの上がけなどに使うチョコレートは、つややかな状態が理想的です。

チョコレートを溶かして固めるとき、温度を31～32℃にすると、きれいな結晶になります。この温度が1℃でもずれると口あたりが悪くなるので、テンパリング（温度調節）をして結晶を作り出さなくてはなりません。

ツヤのあるチョコレートにすることで、口に入れた瞬間にさっと溶け広がる独特の食感を生み出すことができるのです。

テンパリング方法

昇温法

湯にあててチョコレートを溶かしたあと、目的の温度に合わせる方法。家庭で行うことができるのは、すべてこの方法。

恒温法

温度を30℃に保ちながら攪拌して結晶化させる。工場などでとり入れられている方法。

チョコレートの種類による テンパリング

(℃)	ビター スイート	ミルク	ホワイト
溶かす 温度	45〜50	45	43
下げる 温度	27〜29	27〜29	26〜28
保温 温度	31〜32	29〜30	28〜29

テンパリングのチェック

テンパリングしたチョコレートは
スプーンの裏につけて乾かし、
仕上がりを確認します

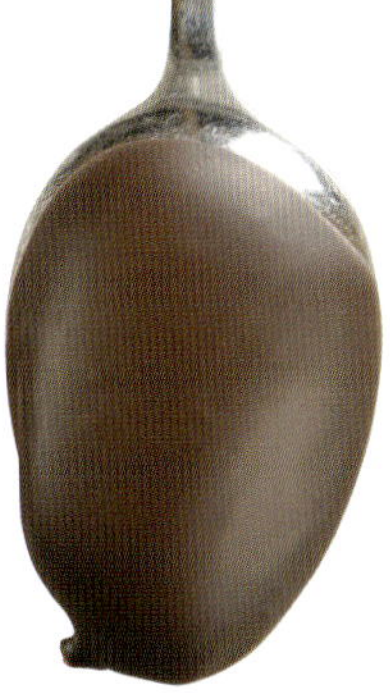

成功したら なめらかな チョコレートに

ボウルにスプーンを入れて出したとき、すぐに固まる。黒く光沢があり、混ざり気のないきれいな状態だと成功。

失敗例

粒が残る

溶けきれなかったチョコレートの粒が残っている状態。または水が入ったため失敗した。

白くなった

うまく固まらなかったり、表面に砂糖が溶け出たりしてブルーム現象が起こっている。

2 50℃の湯せんにかける

ボウルに粗く刻んだチョコレートを入れ、50℃の湯を入れた鍋に重ねる。チョコレートの中に水滴や不純物が入らないように注意する。

3 このとき約47℃

耐熱性のゴムべらで混ぜ、チョコレートを溶かす。空気が入らないようにゆっくり混ぜ45〜50℃にする。

4 このとき約28℃

鍋からおろし、フレーク状のチョコレートを少しずつ入れて混ぜ、温度を27〜29℃まで下げる。

5 このとき約31℃

鍋の湯を34℃に温め直し、ボウルをのせて再び湯せんをする。31〜32℃になったら火からおろし、全体を混ぜる。

お菓子作りの基本材料⑦

凝固剤

凝固剤を使うと、ぷるぷるとしたかたさや、おいしさを引き立たせる透明感が生まれます。

種類豊富な凝固剤はお菓子の理想に合わせて選びます

凝固剤には液体を半固形に固めるはたらきがあります。種類によって性質は微妙に違い、それによってお菓子の透明感、かたさ、口あたりなどに影響を与えます。

お菓子作りには主に動物性のゼラチン、植物性の寒天、カラギーナン、ペクチンの4種類を使います。

このほかにも最近ではメーカーからさまざまな種類の凝固剤が発売されています。たとえば、「アガー」という商品は、カラギーナンにローカストビーンやグアーガムという植物の種子などに含まれる増粘多糖類を調合したものです。より高い透明感を出したり、型くずれしにくいなどの持ち味があり、夏に固まりにくいゼラチンの代用品として人気です。

自分の理想の仕上がりに合わせて、さまざまな凝固剤を試してみるとよいでしょう。

凝固剤の種類

	ゼラチン	ペクチン	カラギーナン	寒天
原料	動物の皮や骨	果物・野菜	海藻（スギノリなど）	海藻（テングサなど）
成分	タンパク質	糖質	糖質	糖質
口あたり	やわらかく、少しねばりがある。お菓子作りに用いると、とろけるような口あたりに仕上がる。	弾力あり、口に入れるとねばりを感じる。酸にやや強い性質をもつ。	やや弾力とねばりを感じる。種類によって水で固まるタイプと、牛乳で固まるタイプがある。	つるりとした喉ごしを感じる。ねばりはない。お菓子に用いるとほろりとくずれる食感になる。
ゲル化温度	要冷蔵（10℃以下）	室温で固まる	室温で固まる	室温で固まる
下準備	水にひたして膨潤させる	砂糖と混ぜる	砂糖と混ぜる	水にひたして吸収させる
お菓子	・ゼリー ・ババロア ・パンナコッタなど	・ジャム ・ナパージュ（上がけジャム）など	・ミルクプリン ・ゼリーなど	・羊かん ・みつ豆 ・杏仁豆腐など

凝固剤の効果①

透明感を出す

お菓子の素材の色を際立たせます

凝固剤はそのまま溶かして固めると透明で味はありません。色がないので、加えるゼリー液や果汁の色を引き立ててくれます。ゼラチンは粉状よりも板状のほうが、より高い透明感をもちます。

ゼラチン
透明度は高いがやや薄い黄色がかっている。板ゼラチンは粉よりも透き通った色。

寒天
ところてんの色からわかるように、透明度が低めで、全体が薄く白濁している。

カラギーナン
ゼラチンや寒天よりも透明感があり、つややかな美しい光沢を感じさせる。

板ゼラチンのもどし方

1 氷水にひたす

バットに氷水を入れ、板ゼラチンを1枚ずつ入れる。約10分ひたす。

2 水気を絞る

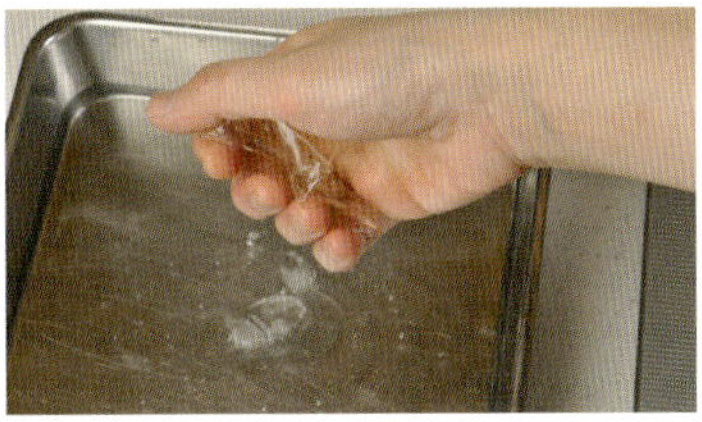

板ゼラチンを手で握り、水気を絞る。60℃に温めた液体に溶かす、または湯せんにかけて使う。

凝固剤の効果②

固める力がある

凝固剤の主な役割 やわらかく固めます

ゼラチンを使うゼリーは冷蔵庫で冷やし固めます。カラギーナンや寒天は室温でも固まりますが、冷菓を作るのに用いるときには冷蔵庫に入れ、冷やして引き締めたほうがおいしくなります。

基本の固め方

1 ふやかす
板ゼラチンの場合。60℃に熱した液体に、もどしたゼラチンを入れる。

2 溶かす
全体をゴムべらでゆっくり混ぜる。ゼラチンのかたまりがなくなればよい。

3 固める
冷ましてから液体を型に流し入れ、冷蔵庫に入れてしばらく冷やし固める。

固まらないのはなぜ？

動物性のゼラチンは固まりにくいことがあります。

キウイフルーツなどが入ると冷やしても液状のまま。このような果物は、加熱してから加える。

1.熱しすぎたから
ゼラチンを溶かすとき沸とうさせると凝固力が弱まり、固まりにくい。

2.酸を加えたから
キウイフルーツやパイナップルはタンパク質分解酵素を含むためゼラチンの力を弱める。

お菓子作りの副材料!
ミックス粉

難しい工程のあるお菓子でもミックス粉を使えば気軽に作ることができます。家にストックしておくと、突然の来客にも手作りお菓子でもてなせます。

簡単に本格的なお菓子ができます。何より、失敗知らず!

ミックス粉にはバター、卵、牛乳以外の必要な材料がほぼ混ざっています。ほとんどが材料を混ぜてオーブンで焼くだけででき、約30分足らずで仕上がります。

　これまでミックス粉といえばホットケーキが定番でしたが、最近ではガトーショコラやマカロンといった難易度の高いお菓子のミックス粉も発売されています。

　魅力は、本来の作り方がずっと簡略化されていることです。ドーナツはイースト発酵をする必要がない、プリンは焼かずに冷やし固めるだけというように、失敗しやすい工程が省かれています。

　シンプルなパウンドケーキやクッキーなら、ナッツなどの副材料を加えてぜひオリジナルの味に仕上げてください。

　ミックス粉はメーカーによって油分や糖分が控えめなもの、小麦アレルギー対応のものもあるので、成分表を確認してから購入しましょう。

　粉類は湿気が多いとダマができやすいので、保存するときは密閉容器に移しかえ、風通しのよい場所に置きます。夏場は冷蔵庫に入れて保管してください。

ホットケーキミックス

理想の仕上がり

牛乳のかわりに生クリームを使い、厚みを出して焼くと上品な味に。

薄力粉をベースに、ベーキングパウダー、油、塩、香料をバランスよく配合。／森永製菓株式会社

おいしいホットケーキを作るコツ!

ホットケーキは厚く焼いたほうが生地の味わいを感じられます。トッピングはバターとメープルシロップでシンプルに。

生地を焼く前にフライパンを熱し、ぬれた布巾の上にのせる。ほどよく温度が下がってから火にもどし、生地を入れる。

フライパンにセルクル（写真は直径15㎝、高さ３㎝）を並べて置き、生地を流し入れる。弱火で焼き、表面に穴ができたら裏返して焼く。

ホットケーキミックスでこんなお菓子も作れます

アーモンドクッキー

材料（30枚分）

ホットケーキミックス…175g、バター…100g、粉砂糖…50g、卵黄…20g、アーモンド…60g

作り方

❶バターに粉砂糖を加えてすり混ぜる。さらに卵黄を加えて混ぜる。
❷ホットケーキミックスと砕いたアーモンドを❶に加え、均一になるまで混ぜる。
❸生地をまとめて５㎜厚さにのばし、冷蔵庫で30分以上休ませる。
❹型で抜き、170℃のオーブンで約15分焼く。

オムレット

材料（4個分）

ホットケーキミックス…200g、卵…100g（卵黄と卵白に分ける）、牛乳…140㎖、バター…適量、生クリーム…150㎖、いちごジャム…大さじ１、いちご…適量

作り方

❶卵黄と牛乳、ホットケーキミックスを混ぜる。
❷卵白を泡立て、❶と混ぜる。
❸フライパンにバターを熱し、❷を¼量入れ、弱火で焼く。表面に穴ができたら裏返す。半分に折り、冷ます。
❹生クリームを泡立ていちごジャムを混ぜる。生地に絞ったクリームといちごをはさむ。

ミックス粉の種類

難しいと思っていたお菓子も、ミックス粉の力を借りてぜひ挑戦を！

ガトーショコラミックス

卵、バター、牛乳を混ぜてから、溶かしたチョコレートを加えて焼く。

スポンジミックス

基本のスポンジ生地。粉に卵と牛乳を加えてハンドミキサーで混ぜ、型に入れて焼く。

フィリングミックス

しっとり口溶けのよいケーキが簡単に作れ、パウンドケーキやマドレーヌにも使える。

パウンドケーキミックス

粉に卵、バター、牛乳を混ぜて型に入れて焼く。牛乳を生クリームにするとコクが増す。

パンナコッタミックス

熱した牛乳と生クリームに粉を入れて混ぜ、冷蔵庫で固める。ケーキにサンドしても。

アイスミックス（ミルク）

牛乳と粉を泡立て、とろみがついたら冷凍庫で固める。卵黄や生クリームを加えても。

クッキーミックス

型抜きやアイスボックス、絞り出しなど色々な種類のクッキー作りを楽しめる。

マラサダミックス

ポルトガルからハワイへと伝わったお菓子。卵、水、ドライイーストを混ぜて揚げる。

ベルギーワッフルミックス

バター、牛乳、卵、あられ糖、粉を混ぜて冷蔵庫で休ませ、ワッフルメーカーで焼く。

クレープミックス

粉、卵、牛乳を混ぜ、熱したフライパンに薄く流し入れて両面を焼く。

チュロスミックス

水、卵、溶かしたバター、粉を混ぜた生地を星型口金で絞り出し、揚げる。

スコーンミックス

卵、バター、牛乳、粉を混ぜた生地を麺棒でのばし、型で抜いてオーブンで焼く。

ゼリーミックス

粉を熱湯に溶かして混ぜ、型に入れて冷蔵庫で固める。写真は青りんご味のもの。

マカロンミックス

粉に水を加えて泡立て、メレンゲを作る。粉砂糖を加えて絞り、乾燥させずに焼く。

フロランタンミックス

アーモンドなどをのせたフランス菓子。粉と同量のナッツを混ぜ天板に広げて焼く。

焼きドーナツミックス

粉、卵、牛乳、バターを混ぜた生地で形を作り、フライパンで焼く。

お菓子作りの副材料2
ドライフルーツ

フレッシュな果実から水分を除いたドライフルーツは甘酸っぱさが凝縮されています。水気がないので、そのまま生地に混ぜたり洋酒漬けにしたりと、応用がききます。

果実を凝縮したおいしさをアクセントに使います

ドライフルーツは果物の水分を蒸発、乾燥させて作られます。一般的にドライフルーツといわれるものの水分含有量は約15％です。

同じ果物でも水分含有量が違うと味わいがかわります。水分含有量が低いほど濃厚に、高いほどみずみずしさを感じるのでお菓子に合わせて使い分けましょう。

セミドライタイプは水分含有量約35％で、フレッシュ感があり、果肉の厚みも感じられます。アイスクリームやタルトのトッピングに用いるのがおすすめです。

フリーズドライタイプは水分含有量約5％です。果物を急速冷凍して氷結した水分を真空状態で脱水するという製法で作られます。果物本来の鮮やかな色が残り、食感はサクサクです。水分を嫌うチョコレート菓子にも使えます。

使いきれずに余ったドライフルーツはラム酒やブランデーに漬け込んで洋酒漬けにするとよいでしょう。密閉容器に入れれば約1年は保存可能です。

オイルコーティング処理されているタイプの場合は、湯通しして油分を落とし、水気をよくふいてから漬けてください。

ドライフルーツの定番

レーズンの種類

一般的なカリフォルニアレーズン以外にも、品種や水分含有量などの違いによってさまざまな種類があります。甘みや果肉の歯ごたえにこだわって、お菓子に合うものを選んでみましょう。

グリーン
マスカットを陰干し乾燥させたもの。ほのかな甘みと強めの酸味がある。

カレンツ
種のない小粒の山ぶどうを乾燥させたもの。酸味が強く、やや紫がかった色をしている。

サルタナ
色が薄くてやわらかいサルタナ種。天日干しは短期間なので、香りや甘さがほどよく残る。

枝つき
大粒で甘みが強いフレーム・シードレス種。枝つきのまま乾燥させているので甘さが残る。

ふさ干し
ふさごと干して作るため、通常より甘みと風味が強い。写真は枝から外したもの。

ピール
柑橘類の果皮を濃い糖液に漬け込んだもの。果皮を糖液で煮て乾燥させる場合もある。果皮の苦味と砂糖の甘味が絶妙な味わい。

フリーズドライ
果物を急速冷凍してから真空状態で乾燥させて作る。果物本来の色や風味を残せるので、マンゴーやいちごなど色鮮やかな果物に用いられる。

ゆずピール　オレンジピール

ストロベリー　フランボワーズ

刻んで生地に混ぜ込んだり、飾りにしたりすると、お菓子のアクセントになる。

手でつまむと砕けるので、お菓子の仕上げに散らしてもよい。

ドライフルーツの種類

果物によって異なる酸味、甘味、苦味、色を楽しめます

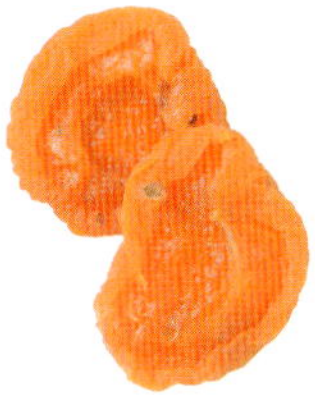

ドライアプリコット

あんず本来の酸味を強く感じる。果肉の厚みをいかして使うとよい。

ドライプルーン

乾燥させたプラムのこと。果肉の味を強く感じられ、タルトに丸ごと入れることが多い。

ドライフィグ（白）

白いちじく。黒よりやや小さくかため。お菓子には湯にひたし、もどしてから使う。

ドライフィグ（黒）

黒いちじく。小粒で少しかたさがあり、ほどよい酸味と甘みがある。

ドライデーツ

なつめやしを乾燥させたもの。干し柿のような濃厚な甘みがある。

ドライキウイ

鮮やかな緑色は薄くなるが独特の酸味がほどよく残る。写真は加糖タイプ。

ドライチェリー

レッドサワーチェリーを乾燥させ、オイルコーティングしたもの。

パパイヤ

果実を乾燥後に加糖し、薄切りにしたタイプ。薄い黄色や赤色がある。

ドライクランベリー

クランベリーのほどよい酸味がある。鮮やかな赤い色は、お菓子のアクセントに。

ドライストロベリー

加糖後、乾燥させている。いちご本来の食感と色合いがほのかに残る。

ドライブルーベリー

小粒で、適度な甘みと渋味があり、やわらかな食感。カップケーキのトッピングに。

ドライアップル

さわやかな甘みが特徴。写真はダイスカットのもので、加糖タイプ。

ドライパイナップル

蒸し煮後、乾燥させて加糖したもの。写真はダイスカットタイプ。

ドライラズベリー

芳醇な甘酸っぱい香りが広がる。写真は乾燥後、オイルコーティングしているタイプ。

ドライカシス

黒すぐりを、レモン果汁を加えた糖液に漬けて乾燥させたもの。酸味が強い。

ドライマンゴー

マンゴー本来の濃厚な甘みがほどよく残っていて、色が鮮やか。

お菓子作りの副材料3

ジャム・コンポート

スコーンやクレープに添えたり、タルトのフィリング（詰め物）にしたりと、使い道はさまざま。いちごやブルーベリーなどの定番もよいですが、かわりダネにもぜひ挑戦を。

旬の果物を使って、ぜひ手作りのジャムやコンポートを

果物には「ペクチン」という天然のゲル化剤が含まれます。ペクチンを水に溶かし、糖やレモン果汁などの酸と一緒に加熱すると、とろみがつきジャムになります。

一方、コンポートは果物をシロップや洋酒と煮込み、とろとろにやわらかくしたものです。ジャムにくらべて甘みが弱めなので、果物本来の味を強く感じられます。

ジャムもコンポートも作り方は簡単なので、果物がたくさん手に入ったときには手作りしてみましょう。

どちらも砂糖を多く入れて作れば長期保存が可能です。ジャムは約半年、コンポートはシロップごと瓶に入れて漬ければ1～2週間はもちます。シロップごと冷凍も可能です。

ジャムはタルトやパイ生地の底にぬると、上にのせるクリームが生地にしみるのを防げます。また、ツヤ出しのナパージュ（37ページ参照）に用いることもできます。

コンポートは温めて濃度をつけると、クレープなどにかけるソースがわりになりますし、フランベに加えたり、凍らせてシャーベットにしたりしても使えます。

ジャムの種類

生地やソースに加えて
果実の風味をプラスしましょう

カシスジャム

酸味の強い黒すぐりのジャム。心地のよい甘酸っぱさがある。
／伊藤忠商事

ブルーベリージャム

特有の酸味と甘みが濃厚で上品な味わい。チーズケーキによく合う。
／富永貿易

マンゴージャム

芳醇な甘みとほどよい酸味がある。クリームのような、なめらかさも魅力。／明治屋

レモンカード

レモン果汁にバター、砂糖、卵を合わせたイギリスの定番ジャム。
／リョーカジャパン

ラズベリージャム

酸味と鮮やかな色はお菓子のアクセントとして幅広く活用できる。
／アルカン

キウイフルーツジャム

果肉のプチプチとした食感と、さわやかな風味が絶妙な味わい。
／明治屋

ブラックチェリージャム

果実の形が残っている。タルトやチーズケーキにピッタリ。
／伊藤忠商事

ローズヒップジャム

ほんのり酸っぱく、上品な甘みが魅力。チョコ菓子によく合う。／ギュッツルオール

マーマレードの種類

「ちょっぴり苦い」にもいろいろな味わいがあります

E レモンマーマレード

しっかりとした酸味がありさわやか。透明感のある黄色い発色。／明治屋

C たんかんマーマレード

果肉がやわらかく、甘みが強くまろやかな味わい。／奄美自然食本舗

A ライムマーマレード

強い酸味と独特のほろ苦さがある。皮の緑色が清涼感を与える。／チップトリー

F オレンジマーマレード

オレンジの皮のほろ苦さと果実の酸味がよく合い、さわやかな風味。／アルカン

D 日向夏マーマレード

上品な甘みと酸味のある日向夏の味がいきている。／明治屋

B グレープフルーツマーマレード

果皮はみずみずしく、酸味が抑えめでさっぱりとした味わい。／チップトリー

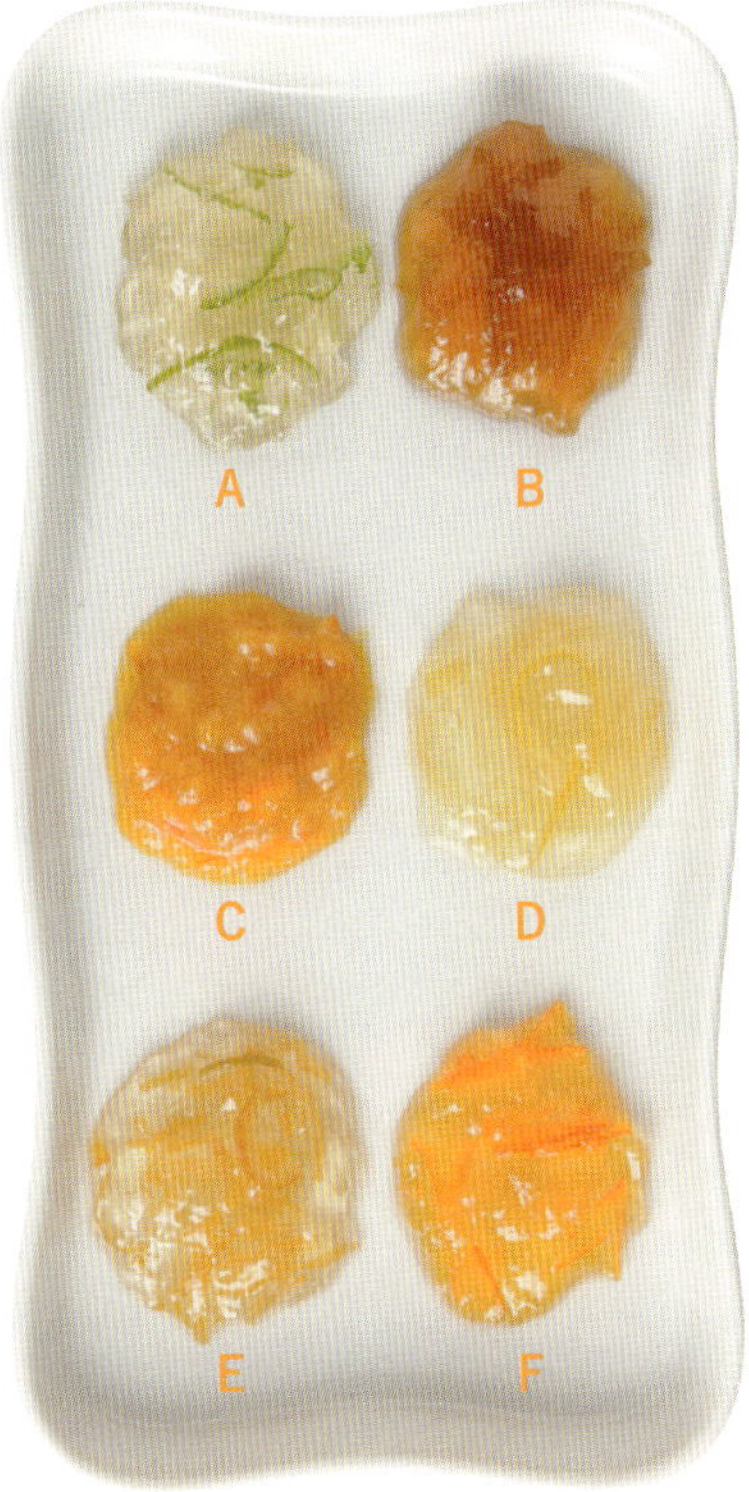

ストロベリージャムの作り方

材料（作りやすい分量）
いちご…500g
グラニュー糖…250g
レモンの絞り汁…25mℓ
オレンジの絞り汁…50mℓ

作り方
1. ボウルにいちごを入れ、グラニュー糖をふる。約3時間そのままおき、水分を出す。
2. 鍋にすべての材料を入れ、約1時間弱火にかける。途中でアクが浮いたら取り除く。

保存方法
1. 保存する瓶とふたは約15分湯にひたして消毒する。
2. 瓶の水気をよくふいてジャムを入れる。
3. 瓶ごと熱湯にひたし、約5分煮沸消毒する。

コンポート

ストロベリー

ジャムよりも果実のみずみずしさを味わえる。／日仏貿易

アップル

さわやかな酸味と甘さがあり、パイのフィリング向き。／日仏貿易

チェリー

甘みと酸味のバランスがよい。パイのフィリングに。／ウィック

ブルーベリー

やわらかな果肉の粒がたっぷり。パイやタルトに。／日仏貿易

※商品は2012年10月現在のものです。

お菓子作りの副材料4

スパイス・ハーブ

甘さを誘うシナモンはケーキにふりかけて、清涼感を与えるミントはゼリーに飾って……。スパイスやハーブを用いたちょっとした工夫で、お菓子が上品に仕上がります。

植物由来の風味をお菓子にプラスすると上品な味に

お菓子作りに使うスパイスやハーブは、風味づけが主な目的です。オーブンで加熱することも多いので、フレーバーの強いものを選んだほうがよいでしょう。とくに香りの強いクローブやカルダモンなどは、殺菌作用のほかに乳製品のにおいを抑えてくれる効果もあります。

スパイスはパウダーとホール（原形）があります。パウダーはそのまま生地に加えたり、粉砂糖のようにふりかけたりして使います。ホールは炒って香りを出す、水や牛乳に煮出して液体に香りを移す、完成直前にすりおろすなどして使うとよいでしょう。

ハーブはフレッシュとドライがあります。フレッシュハーブは色が鮮やかなのでそのまま飾ってもよいですし、ゼリーに入れて固めると透けて見え、美しくなります。ドライハーブは水分が抜けて風味が凝縮されているので、生地に混ぜ込んだり、ハーブティにしたりと、風味をやわらげて使うほうがお菓子になじみます。

初心者はバジルやミントなど、なじみあるハーブから使ってみるとよいでしょう。

スパイスの種類

焼き菓子などシンプルなお菓子の
隠し味に使うと、上級者の味に

ケーキに

オールスパイス

フトモモ科の果実を乾燥させたもの。卵や乳製品のくさみ消しに。

フェンネルシード

ほのかな甘みと苦味が特徴。生地に混ぜるときは細かくつぶす。

パプリカパウダー

辛味の弱い赤唐辛子の粉末。色鮮やかで、はちみつのような芳香。

焼き菓子に

アニスシード

セリ科の植物の種子。甘さを感じる芳香がある。すりつぶして使う。

ナツメグ

ニクズク科常緑樹の種子。乳製品と相性がよくバターケーキに向く。

クローブ

フトモモ科常緑樹の花のつぼみ。香りが強いので煮出して使う。

チョコレートに

カイエンヌペッパー

唐辛子を粉末にしたもの。辛味があるので、少量使いに。

カルダモン

ショウガ科の果実でさわやかな芳香がある。すりおろして使う。

ピンクペッパー

こしょうぼくの実を乾燥させたもの。チョコ菓子に砕いて加える。

ゼリー・プリンに

サフラン

クロッカスのめしべ。炒ると色が出るので牛乳に混ぜるとよい。

シナモン

セイロンニッケイの樹皮。牛乳に入れて香りを移して使う。

八角

別名スターアニス。甘い香り。シロップに混ぜてゼリー液に加えて。

ハーブの種類

加熱すると芳香が弱まるので、なるべく仕上げに使います

ドライハーブ

ローズマリー

香りが強いが、ケーキやクッキー生地に入れて焼くとさわやかな香りがいきる。

バジル

乾燥させたバジルはフレッシュとは違った強い香りがある。シフォンケーキに加えると上品な味に。

ミント

フレッシュよりも清涼感が強く味も深い。ゼリーなど冷菓の風味づけにするのがおすすめ。

タイム

シソ科。さわやかな香りだが強めなので、ハーブティにしたり、少量生地に散らしたりする。

ラベンダー

シソ科。清らかな香りが長くもつ。焼き菓子やチョコレート菓子に使うのがおすすめ。

カモミール

キク科カモマイルの乾燥花。りんごに似たさわやかな香り。ゼリー液に入れ固めてもよい。

ハイビスカス

アオイ科の花を乾燥させたもの。甘酸っぱい風味がある。煮出した赤い液体をゼリーに使うとよい。

ローズヒップ

バラ科。心地よい香りは持続性もある。ジャムやソースに加えてお菓子に添えると上品な味わいに。

フレッシュハーブ

スペアミント

シソ科。ペパーミントよりも甘くさわやかな香り。チョコレートに合わせると滋味深い味わいになる。

ペパーミント

シソ科。特徴的な清涼感と黄緑色の発色は、さわやかな印象を与える。ゼリーやケーキの飾りに向く。

スイートマジョラム

シソ科。甘くスパイシーな香り。葉の緑色は濃淡さまざまなので、小さく切った枝ごと飾るとよい。

セルフィーユ

セリ科。葉は鮮やかな緑色で、レースのような形をしている。お菓子に飾ると華やかさが出る。

バジル

シソ科。鮮やかな緑色はクリームやチーズの白っぽい色に映える。刻んでケーキに加えたり飾ったりする。

ローズマリー

シソ科。針のようなたくさんの葉が特徴。芳香が強く、焼いても香りが残る。焼き菓子に枝ごと入れるとよい。

お菓子作りの副材料5
種実類

アーモンド、くるみ、ピスタチオナッツなどは丸ごと、または砕いてと使い方はさまざま。「実りの秋」の代名詞として秋に作るスイーツのトッピングに最適です。

ローストして使うと香ばしさがよりアップします

ナッツや栗をお菓子に入れると、カリッとした歯ごたえと香ばしい風味が出せます。

同じ種類のナッツでも、ホールやダイス、パウダーなど、さまざまな形状があります。たとえば、皮つきのホールならチョコレートや糖衣をコーティングしてケーキの飾りに、パウダーなら粉砂糖のようにふりかけたりなど、お菓子に合わせて使い分けましょう。

皮つきを買っておくと長持ちするのでとくにおすすめです。皮なしを使う場合は、沸とうした湯に入れて約5分ゆでてざるにあけ、水気をふいて皮をむきます。ピスタチオはゆでたあと色落ちしないよう冷水につけて皮をむきます。

また、ナッツはローストすると香ばしさが増します。ナッツを天板に並べ、約170℃のオーブンで焦がさないように約10分焼きます。焼き色がついたら取り出し、室温で冷まして使います。

ナッツは油脂分の多い食材なので、室温においておくと酸化して風味が落ちやすくなります。使う分だけ購入するようにし、余ったら保存容器に入れて冷凍庫で保管するようにしましょう。

ナッツの定番
アーモンド

タルトのフィリング（詰め物）に、アマンドショコラにと、お菓子作りに最もよく登場するナッツ。さまざまな形状があるので、食感に合わせて選ぼう。

形状別アーモンドの種類

栗の加工品で作るモンブラン

栗を使った定番お菓子「モンブラン」は、渋皮煮を使うか甘露煮を使うかによって、味も見た目も大きくかわります。

渋皮煮なら

かたい鬼皮をむき、渋皮をむかずに弱火にかけ、煮て作る。／富澤商店

↓

こんなモンブランに

マロンクリームにラム酒をプラスしたモンブランは大人の味わいに。

甘露煮なら

皮をむいてゆでた栗を、シロップで煮浸す。／愛媛うまいもの販売

↓

こんなモンブランに

甘みが強く濃い黄色のマロンクリームなら、昔懐かしいモンブランに。

ナッツ・栗の種類

加熱してもカリッ、サクッとした食感がしっかりと残ります

ヘーゼルナッツ

西洋はしばみの実。脂肪分が多く、高い香りと風味を持つ。チョコレートと相性がよい。

ピスタチオナッツ

独特の風味があり「ナッツの女王」と呼ばれる。生地に混ぜ入れたり、飾りに使う。

くるみ

かむごとに甘みが広がり、カリッとした食感。やわらかい生地のアクセントに。

マカダミアナッツ

歯ごたえはもろく、しっとり。チョコレートに丸ごと、または生地に刻んで入れる。

栗

蒸し栗にし、甘さを調節したもの。丸ごと使うとほくほくとした食感を楽しめる。

カシューナッツ

カリッとした食感がある。ローストしてからお菓子に加えると、より強い風味になる。

サンフラワーシード

ひまわりの種の薄い殻を割った中身。食感はやわらかく、クッキーやマフィンに合う。

ペカンナッツ

くるみに似た甘みがあり、軽い食感。キャラメル味に合い、お菓子に加えるとコクが増す。

ココナッツロング

ココヤシの胚乳を削って乾燥させ細切りにしたもの。カリッとした食感で甘みがある。

パンプキンシード

かぼちゃの種の白い殻を除いた中身。かぼちゃのタルトやパイのトッピングに。

けしの実

ポピーシード。香ばしい風味とプチプチとした食感が特徴。バターケーキに混ぜるとよい。

ピーナッツ

落花生。軽快なカリッとした食感。小粒なので、マフィンなどに丸ごと入れても。

ココナッツミルク

ココナッツパウダー

ココナッツミルクはココナッツの胚乳を液状にしたもの。ゼリーやパンナコッタに最適。（左）日仏貿易、粉末タイプ（右）チャオタイ

アジアのお菓子に使われているココナッツってどんなもの？

よく目にする白くて甘いココナッツは、ココヤシの実ではない。成熟したココヤシの種子の内側の胚乳を乾燥させ加工したもので、南米、東南アジア、アフリカなどでは料理やお菓子によく使われている。お菓子作りのアレンジに用いるなら、チーズや生クリームなど少しクセのある乳製品と合わせると相性がよい。

お菓子作りの副材料6

チーズ

チーズはタイプや熟成年数によって口あたりや風味、濃厚さが異なります。値段のはるものもあるので、それぞれの特徴をよく知ってお菓子作りにとり入れてみましょう。

タイプ別の風味や口あたりを知りましょう

チーズケーキやティラミスなどはチーズ独特の風味やコク、酸味をうまく利用したお菓子です。

くさみのほとんどないクリームチーズやカッテージチーズはよくレシピに登場しますが、それ以外のものもぜひ挑戦してください。

熟成させないフレッシュチーズはバターに似た風味があり、とり入れやすく、フロマージュ・ブランはムースなどに使うと軽いさわやかな口あたりに仕上がります。

白カビタイプはクリーミーでマイルドな味わいです。火を通しすぎると香りが弱まるので、仕上げのトッピングに向きます。カマンベールなど、クセの弱めなものから使うとよいでしょう。

クセの強い青カビタイプも意外とお菓子にマッチします。ただし、塩分が多く含まれているので、お菓子の甘みを損なう恐れもあります。ゴルゴンゾーラなど、塩分と香り強いものはアクセントとして少量使いにしましょう。

チーズは酸味のある果物と相性がいいので、柑橘類やあんずを使ったお菓子に入れる、マーマレードジャムに混ぜてお菓子に添えるという使い道もおすすめです。

チーズのタイプ別一覧

フレッシュタイプ	白カビタイプ	青カビタイプ
原料乳を乳酸発酵させて凝固したあと、熟成をさせないチーズ。なめらかな口あたり。水分が多いため日持ちはしない。	表面に白カビを繁殖させたチーズ。外側から熟成が進むので中心ほどやわらかく、切るととろりとしている。	4～6か月熟成させる間、中に青カビを繁殖させたチーズ。塩分が多く、独特のピリッとした風味とかすかな苦味がある。
ウォッシュタイプ	**シェーブルタイプ**	**ハードタイプ**
熟成の途中に塩水や酒類などで表面を洗うという工程があるチーズ。強い香りを放ち、ねっとりとしたコクがある。	山羊の乳が原料のチーズで強い風味。よりカビの繁殖に適した環境にするため表面に木炭粉をまぶしたタイプも。	1年以上熟成させたチーズ。水分含有量は32～38%と低いため目が詰まってかたい。すりおろして使うことが多い。

チーズの形状

製菓用に加工されたチーズは使いやすさ抜群

ダイスカットは生地の混ぜ込みに、シュレッドはタルトに散らすのに、パウダーはふりかけるのに向く。

シュレッド

ダイスカット

パウダー

チーズの種類

お菓子作りに相性のいい、コクのあるチーズを紹介します

チェダーチーズ

色が濃いめで強い芳香がある。アーモンドと合わせると上品な味わいになる。

モッツァレラチーズ

水牛の乳から作るフレッシュチーズ。弾力ある歯ごたえで、生地に入れるともちもち。

カマンベールチーズ

白カビタイプでとろりとした口あたり。パイにはさむと焼き上がりがとろりとする。

クリームチーズ

牛乳と生クリームなどを混合して作られ、味はまろやか。チーズケーキには不可欠。

エメンタールチーズ

木の実に似た芳香があり、全体に穴があるのが特徴。キッシュやパイに入れて使う。

グリュイエールチーズ

フォンデュに用い、かたく詰まった食感で香りが強い。削ってクッキーに入れる。

ゴーダチーズ

引き締まってかたく、バターのような風味がある。削ってお菓子にふりかけるとよい。

エダムチーズ

輸出時の表面保護のため赤いワックスがぬられている。穏やかな風味でクセがない。

カッテージチーズ

脱脂乳などが原料のフレッシュチーズ。淡白な味で、ケークサレなどに使う。

リコッタチーズ

ほのかに甘く、豆腐のようなやわらかい食感。ムースに使うとクリーミーに仕上がる。

フロマージュ・ブラン

乳脂肪を凝固させたフレッシュチーズでコクと軽い酸味がある。シフォンケーキに。

マスカルポーネチーズ

まろやかな甘みのあるチーズ。ティラミスによく使うが、ゼリーなどに加えても。

チーズケーキの味の決め手とは?

ベイクドチーズケーキ

チーズの味をしっかり感じられるので、味が薄めのウオッシュタイプを使ってもよい。

レアチーズケーキ

濃厚でねっとりとした食感が魅力なので、白カビタイプを加えてアクセントにしても。

スフレチーズケーキ

ふんわりとした食感とまろやかな味が身上。塩気の控えめなフレッシュタイプが合う。

ロックフォールチーズ

鋭い香りで塩分の強い青カビタイプ。はちみつや果物を使うお菓子に合わせる。

お菓子作りの副材料7
カカオ・チョコ加工品

お菓子作りには商品化されたチョコレートではなく、製菓コーナーで売られている加工目的のものを使います。チョコレート原料、カカオ豆についても知っておきましょう。

カカオ豆がチョコレートになるまで

カカオ豆の皮を除いて焙煎し、カカオニブを添加してペースト状にしてから糖分や乳成分を加えて調整して作られる。

カカオの構造

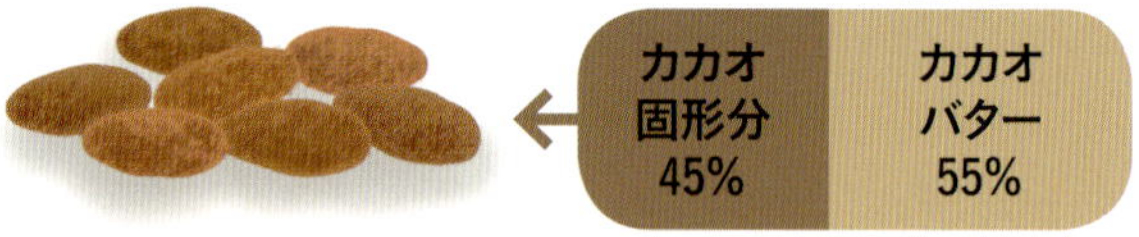

製菓用のチョコレートを使うと仕上がりがよくなります

148ページで紹介した通り、チョコレートにはカカオバター、カカオマス、砂糖、乳成分などが含まれています。

単にスイートチョコレートといっても、風味や味わいはメーカーの製造方法によって成分の割合が異なり、中には少し値段の高いものもあります。上品な苦味を出したい、まろやかな味わいにしたいなど、理想の仕上がりに合わせて選ぶようにしましょう。

クーベルチュールチョコレートとは、カカオバターを多く含み、溶かしたときに流動性（のび）のよいチョコレートのことをさします。

油脂分のカカオバターが多いと口溶けがよく、固まるとつややかになるため、ムースやガナッシュなど製菓用に適しています。

チョコレート菓子を作るときは、製品の品質を劣化させないように注意しなければなりません。室温が高いとチョコレートの結晶がくずれてツヤが出ないので、室温は約20℃を保ちながら作業します。

また、チョコレート製品を保存するときには高温多湿を避け、直射日光があたらない場所に保存してください。

カカオ加工品

カカオ豆からチョコレートを作る過程で精製される加工品です。お菓子作りに少量混ぜて苦味や甘みを調節することもできます。

カカオバター

カカオ豆からとれる天然の油脂分。低温では固まった状態だが、高温になると液体化する。チョコレートに混ぜるとのびがよくなる。

カカオニブ

カカオ豆を焙煎してくだき、皮や胚芽を除いたもの。カカオの風味のもとで苦味がある。クッキーなどに入れるとチョコ味に。

カカオマス

カカオニブを溶かしてペースト状にし、固めたもの。チョコレートの風味が強く、ビターチョコレートの代用にも。

ココアパウダー

カカオマスからカカオバターを分離させたものを粉末状にし、糖分や乳成分を添加したもの。生地やクリームに混ぜて使うとよい。

チョコレート加工品の種類

チョコがけやトッピングにと使い道はさまざまです

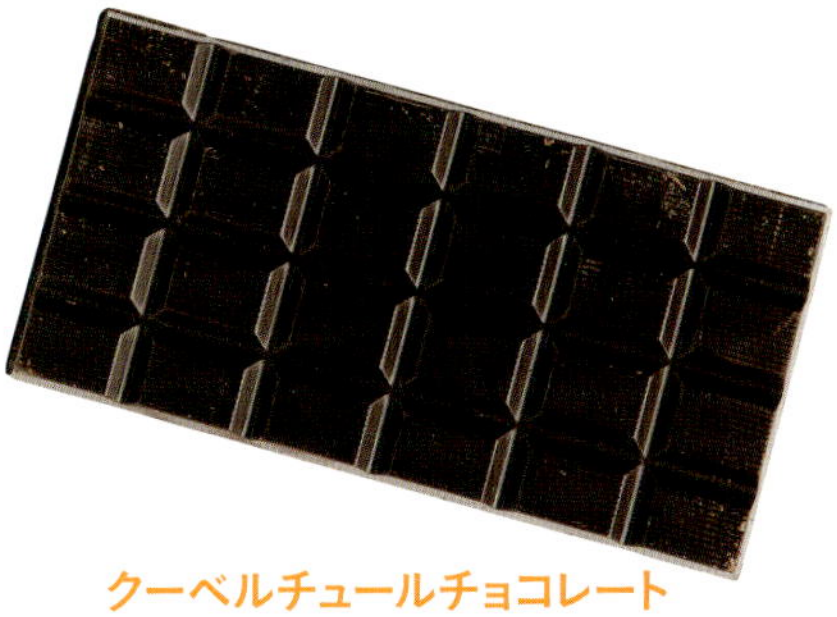

クーベルチュールチョコレート

カカオバターの含有量が多いチョコレート。口溶けとのびがよいので、製菓に適している。テンパリングもしやすい。

チョコレートコポー

チョコレートを削ってごく薄くしたもの。ケーキの側面につけたりする。

チョコレートフレーク

チョコレートを薄くカットしたもの。生地に混ぜたりケーキに散らしたりしても。

コーティングチョコレート

テンパリングせずに溶かすだけで使える。黄色はレモン、緑色はメロン、ピンクはストロベリーの風味。

チョコレートチップ

熱に強いので、生地に混ぜ込んでオーブンで焼いても形が残る。マフィンやスコーンなどに最適。

チョコレートシロップ

アイスクリームのトッピング用ソース。かけるとすぐにパリパリに固まる。ホイップクリームなどにかけるのもおすすめ。／ハーシージャパン

転写シート

カカオバターに着色し、模様を描いたシート。テンパリングしたチョコレートを流すと模様が移る。

お菓子作りの副材料8

和の素材

和菓子に使う材料は風味のあるものが多いので、洋菓子に加えると一気に和風に仕上がります。人気の粉ものスイーツにも、ぜひチャレンジしてみましょう。

季節感を取り入れるなら和菓子素材を

和菓子は洋菓子とは違った素朴な甘みや、四季を感じさせる美しい見た目が特徴です。和菓子に使われる材料の中には、意外と洋菓子と相性のよいものがあります。

ごく初心者なら抹茶パウダーから使ってみましょう。生地やクリームに混ぜるだけで、抹茶のさっぱりとした味わいがプラスされ、色もきれいな緑色になります。

慣れてきたら、好みの茶葉をすり鉢ですり、粉末にして使うと格別な味わいに仕上がります。

和菓子にならって四季の味わいをとり入れるのもおすすめです。たとえば、春は桜の塩漬け、夏はかぼちゃ、秋は栗、冬はゆずなどを使うと旬を演出できます。

また、だんごを作るのに使う米粉は薄力粉の代用品として使えます。生地がもちもちとやわらかな食感に仕上がるので、ロールケーキやパンケーキなどに使うとよいでしょう。薄力粉同様にふるって使用してください。

米粉には餅米とうるち米の2種類があります。米粉は小麦粉アレルギーの心配がないのでとり入れやすく、子どものおやつとしても最適です。

米粉スイーツにチャレンジ！

米粉は小麦粉の代用として使い、さまざまなお菓子に応用を。米粉と豆腐を使った、ローカロリーなパウンドケーキを紹介します。

材料

（縦18×横7×高さ6.5cm・パウンド型）

絹ごし豆腐…100g
黒砂糖…90g
米粉…90g
バター…70g

作り方

1. ボウルに絹ごし豆腐と黒砂糖を入れ、泡立て器でなめらかになるまで混ぜる。
2. 米粉を加えてさらに混ぜ、溶かしたバターを3回に分けて加えて均一に混ぜる。
3. パウンド型の底にオーブンペーパーを敷き、2を流し、型ごと作業台に2～3回落として空気を抜く。
4. 蒸気の上がった蒸し器に入れて、中火で30分蒸す。蒸し上がったらそのまま冷ます。

茶葉の種類

抹茶パウダーや緑茶の茶葉をお菓子の生地に混ぜるというアレンジは、もはや定番です。珍しい茶葉にもチャレンジしてみて。

ほうじ茶

緑茶や番茶を煎って香ばしくした茶葉。茶葉をすりつぶし、プリンやクリームに用いる。

そば茶

そばの実を焙煎したもの。クッキーに入れるとポリポリとした食感を楽しめる。

煎茶

新芽を摘み、蒸した茶葉。茶葉を刻み、マドレーヌやバターケーキに入れると上品な味わいに。

和素材の種類

和菓子によく使う材料を洋菓子に利用すると素朴な味わいに

パウダー

みじん粉

もち米を蒸して乾燥させた米粉の一種。生地に散らして焼くとプチプチとした食感に。

きな粉

大豆を炒って皮をむき、ひいた粉。クリームと合わせると香ばしい風味になる。

そば粉

そばの種子を脱穀、製粉したもの。ガレットによく用いる。クッキーの色づけにも。

米粉

うるち米ともち米を原料に精製した粉。薄力粉の代用として使うともっちり生地に。

抹茶パウダー

ほどよい渋味で鮮やかな緑色。生地はもちろん、クリームやバターに混ぜても。

よもぎパウダー

煮たよもぎを乾燥させ、粉末にしたもの。苦味が強いので、少量使って味のアクセントに。

豆類

金時豆

赤いんげん豆とも呼ばれ、ほのかな甘さが特徴。ロールケーキやクグロフなどに。

ひよこ豆

ガルバンソ、チャナ豆とも呼ばれる。クセがなくナッツに似た食感。モンブランにも。

手亡豆

白いんげん豆のことで、写真はシロップ漬けにしたもの。つぶしてあんにして使うとよい。

うぐいす豆

青いさやえんどう豆。淡い緑色で独特の素朴な味わい。ケーキに飾ると彩りがよい。

甘納豆ミックス

豆類や栗、ハスの実などを砂糖で甘く煮詰め、砂糖をまぶして乾燥させたもの。

みつ

抹茶みつ

白みつに抹茶を混ぜ込んだもの。ゼリーやアイスにかけてトッピングにするのがおすすめ。

白みつ

氷砂糖を溶かしねばりのある液体にしたもの。透明なので、ソースなどの隠し味に。

黒みつ

黒砂糖を水に溶いて煮詰めたもの、また精糖時に出る糖みつ。きな粉と相性◎。

抹茶みつ・白みつ・黒みつ／蛇ノ目本舗

お菓子作りの副材料9

洋酒

生地やチョコレートに洋酒を数滴加えると、上品で大人っぽいお菓子に仕上がります。種類が豊富なので、ひとつひとつ味を試してみるのもおすすめです。

洋酒を使うとこんな効果があります

お菓子作りに用いると次の4つの
効果が期待できます

洋酒の効果

1. 乳製品や卵のにおいを消す
2. お菓子に風味を与える
3. 甘すぎるお菓子の甘みを抑える
4. 保存性を高める

洋酒使いを覚えてワンランク上のお菓子へ

お菓子に洋酒を加えると、味に深みが加わる、乳製品や卵のにおいが消えるなどの効果があります。とくに、香味成分の含まれたリキュールを使うとお菓子の甘い味わいがより引き立ちます。

リキュールとはウイスキーやブランデーなどの蒸溜酒をベースに、果物やナッツ、香草などの香味成分をプラスしたものです。

たとえば、りんごのタルトを作るなら同じりんごが原料のカルヴァドスをというように、同じ果物同士を組み合わせると味が補強されてよくなじみます。とくにチョコレートやシロップなど甘みの強いものに加えると、ただ甘いだけでなく上品な味わいを演出できます。また、156ページで紹介した通り、ドライフルーツを漬け込むのにも適しています。

アルコール度数の高いラム酒や香りが強く甘いアマレットは少量使いがよいでしょう。

珍しい風味の洋酒はせっかく買ってもあまり使わないということもあります。まずは容量50㎖ほどのミニボトルを買ってみて、それぞれの味わいを試してみるとよいでしょう。

スポンジ生地にアンビバージュをはけでぬる。

アンビベに使う

生地にアンビバージュ（洋酒とシロップを混ぜたもの）をぬりしっとりさせる。口溶けがよくなり、クリームをぬりやすい。

クリームの甘みが抑えられ、味わい深くなる。

クリームに混ぜて使う

チョコレート生地に合わせるような、上品な味のクリームを作るときに。少量加えるだけで風味が増す。

普段の生地が上品な味わいに。

生地に加えて使う

生地作りの途中に、卵を入れるタイミングで加える。卵のにおいが落ち着き、焼いた生地に風味が加わる。

果物が煮詰まったころに洋酒を加える。

フランベして使う

洋酒を加熱してアルコールを飛ばすと、まろやかな味わいになる。アップルパイのりんごを煮るときなどに。

洋酒の種類

製菓に使いやすいミニボトルを数種類そろえると便利です

リキュール

マラスキーノ

イタリア産のマラスカチェリーを原料とする透明なリキュール。／ドーバー酒造

アマレット

あんずの核から抽出したエキスが主原料のリキュール。／サントリー酒類

グラン・マルニエ

コニャックにビターオレンジの皮を漬け、樽熟成させたリキュール。／サントリー酒類

コアントロー

ビターオレンジとスイートオレンジから香料を抽出して作る。／バカルディジャパン

コーヒーリキュール

コーヒー豆が原料。コーヒーの芳醇な香りと風味をもつ。／サントリーアライド

カシスリキュール

黒すぐりを原料とした、甘みの強い深紅のリキュール。／サントリー酒類

リモンチェッロ

イタリアのレモンリキュール。果皮から作られ、さわやかで甘い。／ドーバー洋酒貿易

クレーム・ド・フランボワーズ

木いちごの実を使用したリキュール。さわやかな香りがある。／ボーアンドボン

醸造酒

シードル酒

りんごを発酵させて作られるアルコール飲料。／フィッツコーポレーション

蒸溜酒

キルシュ酒

発酵させたさくらんぼの果汁から作るブランデーの一種。／ドーバー洋酒貿易

ラム酒

さとうきびが原料の蒸溜酒。ダークラムのほかにホワイトも。／ドーバー洋酒貿易

カルヴァドス

フランス・ノルマンディー地方のりんごが原料の蒸溜酒。／サントリー酒類

ウォッカ

大麦、ライ麦、じゃがいもなどの穀物を原材料とし、蒸溜。／麒麟麦酒

ブランデー

果実酒などを蒸溜し、貯蔵熟成。／MHD モエ ヘネシー ディアジオ

ウイスキー

大麦、ライ麦、トウモロコシなどの穀物を発酵させた蒸溜酒。／ウィスク・イー

蒸溜酒と醸造酒の違いとは？

醸造酒は穀物や果汁などをアルコール発酵させたもの。蒸溜酒は醸造酒を蒸溜し、アルコールなどの発揮成分を濃縮したもので、蒸溜直後はアルコールの刺激が強いため熟成させる必要がある。

※商品は2012年10月現在のものです。

お菓子作りの副材料10

バニラ

カスタードクリームやアイスクリームなど、お菓子の魅力的な甘い香りはバニラの力です。香りを十分に引き出すために、バニラのさやの正しい使い方を覚えましょう。

使ったあとも乾燥させれば香りが出ます

本来バニラはいんげん豆のような緑色をしています。天日乾燥と熟成発酵をくり返し、黒く細い形になります。発酵時に「バニリン」という物質を生じ、これがいわゆるバニラの甘い香りのもとです。

バニリンを用いた香料がバニラエッセンスやバニラオイルです。使いやすいですが、やはりバニラのさやより芳香は弱めです。

バニラのさやは基本的にさやをナイフで切り開き、種子をこそげて使います。種は強い香りが、さやはおだやかな香りがあるので、どちらもお菓子作りに用います。

お菓子に香りを強く移したいなら、さやを切り開いて牛乳や水などに香りを移して使います。さやと種を入れて煮出し、香りを抽出して途中でさやを取り出します。

やわらかな風味をつける程度ならさやを切り開かず、丸ごと生地や液体に入れ、途中で出します。

バニラのさやは一度煮出しても、きれいに洗って乾燥すれば同様に使えます。または乾燥後、砂糖とともに容器に入れてバニラの香りをつけ、フードプロセッサーにかけるとバニラシュガーになります。ふるってから使ってください。

バニラのさや

一般的に出回っているバニラはブルボン産のもの。香りを移した液体、または種をこそげたものをお菓子に入れて使う。

バニラのさやの使い方

液体に香りを移す

右を参考に種を出し、さやと種を一緒に液体に入れて火にかけ、香りが移ったらこしてさやを除く。

種をこそげる

さやを包丁の先などで縦に切り開き、中の種をこそげ出す。クッキーやケーキの生地に混ぜて使う。

バニラからできる香料

バニラのさやから抽出した香りを、油脂に溶かしたもの。香りが強く、お菓子に数滴入れるだけでバニラの香りがつく。

バニラオイル

油になじみやすく、加熱しても揮発しにくい。生地などに加えてオーブンで焼いても香りを保てる。

バニラのさやから抽出した香りを、アルコールに溶かしたもの。バニラオイルにくらべると香りは少し弱め。

バニラエッセンス

加熱すると香りが揮発しやすいため、火を使わないゼリーやアイスクリームを作るのに向く。

お菓子作りの副材料II

膨張剤

お菓子の「ふっくら」を生み出すには、小麦粉や卵の力のほかに膨張剤の助けも必要です。重曹、ベーキングパウダー、ドライイーストなどの役割を知りましょう。

化学反応がお菓子のふくらみを支えています

お菓子作りによく使うベーキングパウダーの主成分は重曹です。重曹は炭酸水素ナトリウムでできていて、生地に加えると溶け、熱によって化学反応を起こして分解し、「炭酸ガス（二酸化炭素）」を発生させます。この炭酸ガスがお菓子のふくらみを作ります。

ベーキングパウダーは重曹にリン酸塩などを加えたものです。炭酸ガスが発生しやすく持続するように調節されているので、さまざまなお菓子に使われます。

とくに、パウンドケーキやマドレーヌなどの重いバター生地は小麦粉や卵の力だけではふくらみが足りないため、ベーキングパウダーを加えてふくらみを補います。

ベーキングパウダーは温度や水に反応するため開封後は密封し、高温多湿を避けて保管しましょう。

イースト菌は酵母という微生物の一種です。生地に加えるとイースト菌が活動して炭酸ガスを発生させ、生地をふくらませます。これを「発酵」といいます。

ベーキングパウダーのふくらみとは少し違い、パンのようなふっくらとした食感になるので、ドーナツやパンケーキに適します。

ベーキングパウダー

重曹を主成分とした膨張剤。オーブンの加熱によって短時間でふくらみ、しっとりとした食感を生み出す。

事前にふるって使います

小麦粉や砂糖などほかの粉類と混ぜ、ふるってから使用する。粉の粒が均一になり、全体に混ざりやすい。

ベーキングパウダーを使ったお菓子

マドレーヌ

重いバター生地。高温のオーブンで、短時間で焼き上げてふくらみを出す。

スコーン

厚さ3㎝ほどにのばした生地を型で抜いて焼くと山型にふくらむ。

マフィン

生地を型の8分目まで入れてから焼くと、型から頭が出るほどふくらむ。

インスタントドライイースト

イーストには3種類、生イースト、ドライイースト、そして手軽に使えるインスタントドライイーストがある。

こんなお菓子に

- ドーナツ
- ワッフル
- パンケーキ

発酵のようす

Before

生地をまとめたらしばらくおく。イースト菌は30～40℃でよく活動する。

After

炭酸ガスが発生して生地が大きくふくらみ、一緒に香味成分なども生成される。

製菓用語辞典

ア行

アパレイユ (appareil)
流動状の液体のこと。焼く前のとろりとした生地や、タルトやパイの中に流し入れるフィリングなどをさす。

アブリコテ (abricoter)
煮詰めたアプリコットジャムをぬること。焼き菓子などにツヤ出しや乾燥防止を目的にぬる。

アンビバージュ (imbibage)
生地にぬるシロップのこと。生地にクリームをぬるとき、生地を湿らせておくことを「アンビベ」と呼び、ぬるシロップのことをさす。

アンロベ (enrober)
チョコレートなどでお菓子のまわりをコーティングすること。トリュフを作るとき、丸めたガナッシュにチョコレートをつけるような動作をさす。

ヴァニエ (vaniller)
バニラの風味をつけること。砂糖にバニラのさやを入れてバニラシュガーにするときや、牛乳などの液体にバニラの香りを移すときをさす。

エペスィール (épaissir)
とろりとした濃度をつけること。クリームやソースを作るときに、バターやコーンスターチを加えて、やわらかなとろみをつける。

エミュルスィヨネ (émulsionner)
乳化させる。本来は混ざり合わない液体と油分を攪拌させ、なめらかな状態にさせること。バターと牛乳、卵とバターを混ぜるときに。

カ行

カラメリゼ (caraméliser)
砂糖を焦がして色をつけること。お菓子の上に粉砂糖をまぶし、オーブンやバーナーで加熱し、こんがりとした焼き色をつける。

クシェ (coucher)
生地やクリームを絞り出すこと。シュー生地を作るときや、デコレーションでクリームを絞るときなどの動作をさす。

グラセ (glacer)
ツヤがけする、または糖衣をつけること。パイ生地など、焼き上がりの生地に砂糖をまぶしてオーブンで焼き、砂糖をカラメル化させる。

クレメ (crémer)
クリーム状にすること。かたいバターを室温にもどしたあと、ほかの材料と混ぜてなめらかな状態にする。

コルネ (cornet)
細い線を絞るための絞り出し袋のこと。三角形に切り、円錐形に巻いて作る。(102ページ参照)

コンジュレ (congeler)
冷凍する、凍らせること。シャーベットやアイスクリームを作るときに、冷凍庫へ入れて冷やし固める作業を表す。

サ行

サブレ (sabler)
サラサラの粉状態にすること。パート・ブリゼ(タルト生地)を作るとき、バターと薄力粉をすり混ぜ、粉状にするような動作。

シクテ (chiqueter)
パイ生地を重ねて焼くときに縁にペティナイフなどで切り込みを入れること。生地が浮かないようにする作業。

タ行

タンペレ (tempérer)
テンパリングする。温度調節する。チョコレートをツヤのある状態にするため、湯せんにかけて31～32℃になるよう調節すること。

デセシェ (dessécher)
乾燥させる、余分な水分を飛ばす。シュー生地を作るとき、薄力粉を入れて膜がはるまで温めるときなど。

デトランペ (détremper)
混ぜ合わせる、溶く。粉類と水分をよく混ぜ合わせ、ひとつの生地にまとめること。折り込みパイ生地のデトランプ(練り生地)をさすこともある。

ポワレ (poêler)
フライパンで焼くこと。アップルパイを作るときにりんごを炒めたり、クレープ生地を焼いたりするときの作業。

マ行

マセレ (macérer)
果物などを酒やシロップに漬け込むこと。ドライフルーツを洋酒漬けにするときや、洋なしをワインにひたしたりするときのこと。

マルブル (marbre)
マーブル、大理石のこと。生地をこねるときに使うペストリーボード（19ページ参照）をさす。熱を通さないので、低温で作業できる。

メランジェ (mélanger)
混ぜる、混ぜ合わせる。生地作りやクリーム作りなどに行うお菓子作りの基本動作。手早く混ぜるは「メランジェ　ラピドマン（早く）」という。

モンテ (monter)
泡立てること。卵白を攪拌してメレンゲにしたり、生クリームを攪拌してホイップクリームにしたりする動作。

ラ行

リュバン (ruban)
リボン、リボン状（リュバン状）。スポンジ生地を作るとき、卵と砂糖を混ぜる目安。生地を持ち上げたときリボン状の線を描くことができる状態。

ルポゼ (reposer)
休ませること。クッキー、パイ、タルト生地などを作るときに、生地を冷蔵庫に入れてしばらくおくこと。生地中のグルテンを弱めるために行う。

レイエ (rayer)
線を引くこと。卵をぬった生地にペティナイフなどを使って線をつける。エクレア生地にフォークで筋をつける作業などに。

ドレ (dorer)
焼き色をつけること。生地に溶いた卵黄をぬってオーブンで焼き、こんがりとした焼き色をつける作業をさす。

ナ行

ナパージュ (nappage)
上がけのこと。生地や果物の乾燥防止とツヤ出しのために、お菓子にシロップなどをはけを使って薄くぬる。

ナペ (napper)
クリームをぬること。お菓子にデコレーションをするとき、生地にクリームを平らにぬり広げる。

ハ行

ピケ (piquer)
生地に小さい穴をあけること。パイ生地やタルト生地は焼く前に穴をあけておくことで、焼き上がりに浮くのを防げる。

ファリネ (fariner)
粉のこと。または打ち粉をすること。生地をこねるとき、作業台や麺棒に生地がはりつくのを防止するため、強力粉をふりかけて作業する。

ブイイール (bouillir)
液体を沸とうさせること。砂糖水を沸とうさせてカラメルにする作業や、ガナッシュに使う生クリームを温める作業に。

フォンセ (foncer)
パイ生地などを型に敷き込むこと。型にしっかりと生地を詰め、焼き上がりに型の形をつける。

ブランシール (blanchir)
白いという意味。パータ・ビスキュイ（別立て生地）を作るときなど、卵黄と砂糖を白っぽくなるまで混ぜ合わせるときの目安。

ブリュレ (brûler)
焦がすこと。焼きごてやバーナーを使ってお菓子の表面を熱して焦がし、焼き色をつける。クレームブリュレは表面の焦げが名前の由来。

[著者]
川上文代
FUMIYO KAWAKAMI

幼少の頃より料理に興味を持ち、中学3年生から高校3年生までの4年間、池田幸恵料理教室で料理を学ぶ。大阪阿倍野辻調理師専門学校卒業後、同校職員として12年間勤務。その間、辻調理師専門学校・大阪校、フランス・リヨン校、エコール辻東京にてプロの料理人育成に勤める。フランス・リヨン校では初の女性講師となり、フランスの三ツ星レストラン「ジョルジュ・ブラン」での研修も体験。
1996年東京・渋谷に「デリス・ド・キュイエール／川上文代料理教室」を開設。辻調理師専門学校外来講師、食育インストラクター、フードアナリスト、出身地の千葉県館山クッキング大使として、各地での公演、テレビや雑誌などメディアへの出演、食品メーカーの商品開発など、多方面で活躍中。『「ストウブ」のおいしい使いこなしレシピ』（誠文堂新光社）や『イチバン親切な料理の教科書』（新星出版社）シリーズなど著書多数。

デリス・ド・キュイエール　川上文代料理教室

東京都渋谷区広尾1丁目7-2　藤和広尾レジデンス404
tel：03-6427-7799／fax：03-5962-7099
http://www.delice-dc.com

ひと目でわかる お菓子の教科書 きほん編

著　者	川　上　文　代
発行者	富　永　靖　弘
印刷所	公和印刷株式会社

発行所　東京都台東区台東2丁目24　株式会社　新星出版社
〒110-0016　☎03(3831)0743

Printed in Japan

ISBN978-4-405-09236-5